中层领导力训战

角色定位与专业化管理

THE LEADERSHIP

CHALLENGE OF LION'S SHARE

孙春岭◎著

中国法制出版社
CHINA LEGAL PUBLISHING HOUSE

目录 THE LEADERSHIP CHALLENGE OF LION'S SHARE

01 第一章 管理角色认知与定位

人们对事态做出的反应包含两个层次：一是情绪，二是策略。情绪层面是反射性的反应；策略层面则是阅历和见识的综合反应。管理者尤其需要自律和学习，自律是情绪控制，学习则是优化策略和积累智慧。

02 第二章 高效管理沟通

在沟通时，重要的不是你说了什么，而是对方理解了什么，有效果比有道理更重要。过高地要求他人，过高地估计自己，都是沟通交流的主要障碍。有的人对于人际高手抱有偏见，觉得其华而不实，对自以为是的“一身正气”颇为自得，殊不知恰恰是这种固执限制了其发展。说到底，这种自诩的“正人君子”低估了人际高手的智慧，他们通过贬低关系价值的理念来掩饰自己思想的僵化和愚蠢。

03 第三章 通向职业理想的路径

就过程来讲，成功就是排除障碍和战胜困难的过程，所以对不幸和艰辛的抱怨都是多余的。

就感受来讲，成功只是前进途中回望时的一种欣慰，再回过头来还得继续往前走，成功没有终点。

04 第四章 专业化思维

我们处在一个变化巨大的时代，谁也无法看清楚 5 年以后的行业和机会。但这又意味着巨大的机会和潜力，这一切的不确定性，都需要我们有优秀的团队来进行管理和面对，也只能靠最优秀的人来应对这种不确定性。

05 第五章 领导人塑造了团队精神

习惯能保持有序和稳定，最重要的是能减少你不得不做的认知活动的数量。在没有过多思考的情况下，习惯能使我们从容应付某些情形，尤其是涉及协调问题的时候。

The Leadership Challenge of Lion's Share

第一章　管理角色认知与定位

人们对事态做出的反应包含两个层次：一是情绪，二是策略。情绪层面是反射性的反应；策略层面则是阅历和见识的综合反应。管理者尤其需要自律和学习，自律是情绪控制，学习则是优化策略和积累智慧。

第一章　管理角色认知与定位

一、明理念：传统大文化与管理场景应用		
1. 新中层：复合型高适管理者	复合角色与场景适应力	道、儒、法家管理思想的综合运用
	经理人的组织价值	逆向解读盖洛普路径
2. 道家：增强组织凝聚力的关键	抓大放小，做有价值的事情	上司的职责是引领，不是运营
	人尽其才，才尽其用	示下以柔，鼓励其发挥才干
3. 儒家：职场人际与管理文化的原则	严于律己、宽以待人的交流思想	先发掘自身不足，再探讨如何能把事情做好的办法
	强调恩泽教化、以人为本的管理理念	引导、启发而不是命令
4. 法家：管理举措与理念贯彻的保障	坚持原则是核心	坚持维护组织规范是原则问题
	执行纪律要讲求方法	优秀的执行者要“情”“理”兼顾
二、中层管理者角色定位		
1. 管理者的哲学命题：我是谁，我要干什么，我要怎么干	高层：保证总目标与环境协调	制定全局标准
	中层：保证组织成为一个畅通的主体	随机权变协调
	基层：保证战略与战术的实施	操作性激励
2. 落实管理角色的指导原则	企业经营者的代言人	维护组织利益
	激发他人跟随你一起工作	员工希望自己优异的表现得到认可
	提出解决问题的办法并付诸实践	高层务虚，而中基层干部要务实
3. 下属经理人的角色定位——高效地完成任务指标	首要的任务是执行	下属的职责主要是体现上级的意图
	要有大局观	思想高度要与领导保持一致才能理解他的意图
	扮演下属的职业角色	明确职业化下属的思想与行为

4. 平级经理人的角色定位——理解和帮助同事	为对方着想才能相互理解	我们部门的工作目标是什么
		我们部门的工作重点是什么
	从内部客户处发现工作重心和工作内容	从内部客户处发现自己的工作重心和工作内容
		绩效考核指向服务对象，而不仅仅指向上司
		定期的、有效的沟通机制能更好地了解彼此的需求
	扮演同事的职业角色	职业化同事的言行指导原则
5. 上司管理者的角色定位——客观公正地评价下属	基层干部一定程度上代表企业的形象	员工向心力取决于基层主管
	评价下属的结构化思维	描述工作完成状况
		如实反映具体行为表现
		分析个体特质
	扮演上级的职业角色	职业化上级的立场与原则
三、赢得尊敬：专业能力+牺牲精神		
1. 真的高手：业务过硬会带人	好干部的标准	传授下属工作方法和其他技能
	培养人的能力	靠能力才能赢得下属的尊敬并产生学习意愿
2. 赢得尊敬的根本是人品	尊重理性和逻辑而非立场和观点	工作中的“应该是”层面
		工作中的“事实是”层面
	管理者要冲在前面	管理者岗位对人的要求高
		管理者需要储备资本
		抓住锻炼的机会

第一节 ┃ 明理念：传统大文化与管理场景应用

一、新中层：复合型高适管理者

中层管理者的角色复杂且身份特殊，其不再是直接带领团队的“排长”，他需要上传下达、承上启下，既要对上级负责，又要得到平级的认同，还要获得下级的支持；他同时扮演着“上级”“平级”“下级”的角色。

做得好，获得组织认可、在工作中游刃有余，还可能跻身高层、提升事业高度；

做得一般，勉强维系现状，不突出也不落后，面对各方压力左冲右突，抱怨自己像“风箱里的老鼠”——两头受气；

做得不好就尴尬了，每个人都有“能上不能下”的心态。但就算保留了职位，得不到上司的支持、下属的拥护，待在这个位置上也是非常痛苦的。

1.复合角色

跻身中层，意味着他的个人职业生涯进入了一个崭新的时期。中层管理者在管理成熟度逐步提升的过程中，几乎都会问自己几个问题：我是谁？我要做什么？我该怎么做？

再有，能够在企业做到中层干部的，多数都已经有一定的工作经历，其年龄在30岁左右，这个阶段的人生观和价值观也日趋成熟，他们开始思考声名与人生的意义和价值是很正常的，如果在此阶段能够得到好的指导并且树立正确的理想信念，必将深刻影响他们的人生路径与职业发展。

对于那些已经踏上管理岗位的，相对还比较“年轻”（主要是指心理方面）的管理者来说，他们更加需要得到“过来人”的指导，关于这一点，说是渴求也不为过。

对此，笔者认为，能做到管理职位的人，其智商、情商往往较高，他们需要学习的是处世经验以及如何在社会环境中拥有明晰的价值定位和行事准则。用职场语言表述就是管理者要具备“政治”头脑，这里的“政治”指的是管理者需要明确自己在职场中的角色，知道应该秉承什么样的管理理念去开展工作，这样才不会导致工作方向和工作重点偏离。

2.场景适应力

中层管理者不仅要埋头苦干，更要时时抬头看天。这里的“天”就是职场大环境。只有大方向明确了，行为依据与判断标准清晰了，才不会感到困惑和迷茫。因此，中层管理者需要不断转换管理角色、明确管理理念，深刻认识自己在组织中的作用与价值。

不同管理角色需要秉承的管理理念不同。曾经有学者阐释：高层应匹配道家管理思想；中层匹配儒家管理思想；基层匹配法家管理思想。笔者认为此说法失之偏颇，一个成熟的中层管理者应在道家、儒家、法家这三种管理思想中切换角色。

案例1

张经理的管理方法

张樊是某写字楼物业部的部门经理，在他的努力下，该楼宇被评为市级优秀物业管理大厦。最近，公司总部临时任务较多，张经理的时间被挤占了不少，楼层抽检的工作就停了下来。上午，张经理刚完成一份棘手的报告，心里一阵轻松，就想到本楼层（四楼）卫生间去吸支烟，走到门口时发现有几个烟民已经在闲聊了，就走进步行楼梯间准备到五楼去，他在上楼时习惯性地用手摸了摸楼梯栏杆，结果发现上面有尘土，他立刻意识到这肯定是保洁员疏忽或偷懒了。刚放松几天就出了问题！他心里掠过一丝不快。当他进入五楼卫生间洗手的时候，正好遇到五楼两家入驻企业的员工一边洗手，一边议论："本来想走楼梯锻炼一下身体，这可好，弄了一手脏，也不知道这物业公司和保洁都干吗了！"

"可不是嘛，听说咱们这个楼还被评为市级优秀物业管理单位呢，就这服务质量，真不知道他们的评级标准怎么定的？"

两个人并不认识张经理，他们说完就走了。张经理心里很不是滋味：不能允许有人给大厦的荣誉抹黑！随后他来到一楼大厅让一个保洁员临时召集所有保洁人员集合，并通知保洁主管王军到场，当众把负责四楼区域的李莉训斥了一顿。

半小时后，保洁主管王军来到张经理的办公室，告诉他昨天下午下班后九楼的客户搬运装修材料和花卉用土导致楼道内比较脏，他要求各区域责任人在今天中午12:00前完成清洁工作。

多数人是根据直觉和经验来做判断的。管理者也会更加倾向于依据既有的规定行事——你错了，我就应该指出来。较少有人会站在更高、更全面的维度去思考，以取得管理效应的最大化成果，即大部分人采取的举措更多的还是停留在情绪层面。

如果换一个场景化策略，将会是完全不同的效果：

案例1（续）

（王军来到了张樊的办公室）

王：张经理，您找我？

张：是的，最近公司总部又召集各物业部开会，准备下一阶段的综合检查，我最近忙就没到楼层检查。你负责的事情我是放心的，对这项工作我们也有一段时间没交流了，今天谈谈，看看还有什么地方能做得更好吗？

王：张经理，现在保洁人员比较紧张，我们的工作量又大，确实是有难度，不过目前也还能应付，现在到处都是“用人荒”，您能体谅到这点我就挺高兴的了。

张：这个情况我了解，现在公司在号召我们提升服务品质，我觉得我们需要一起努力把这点做深做透，你说是吧？你负责保洁，我们就拿这个部门来讲，怎样才能把保洁工作再提升一些？

王：张经理，是不是我哪里做得不够好？

张：没那么严重，但是我今天发现了一个事情，步行楼梯有灰尘，栏杆上和地面上都能看见。我还听见有客户公司的人说我们物业服务不好，我听了后心里挺不舒服的，觉得自己工作有疏漏。

王：您这么说我就很内疚了。张经理，是这样的，昨天九楼的客户搬运装修材料、花卉和花卉用土，货梯被装修队占满了，因为是在下班时间搬运，花卉公司的人着急回家，他们从楼梯走的，可能是有撒漏的地方。我昨晚就知道这个情况，今天一早我就通知各楼道负责人清扫了，但是您也知道他们人均负责清扫的区域比较大，我要求是今天中午12点前清扫完毕。

张：嗯，这属于特殊的情况了，但是你觉得这么处理是不是最佳办法？我们说的“创造优质服务”在环境整洁方面该怎么落实？

王：当然是干净啊。

张：什么时间段干净？

王：最好是一直都干净，但是不可能，总有某段时间不能保证的。

张：那我们要保证什么时间段干净？

王：嗯，最好是上班时间确保干净。

张：对，那这件事该怎么办？

王：应该昨天晚上或今天早上清扫完毕。可是我们人手有限啊！

张：我知道，人手不够还要清扫完，那该怎么办？

王：请人帮忙喽！但是请谁啊？

张：请我啊，请其他部门的支援啊。

王：怎么可能，他们才不爱管。

张：你不试试怎么知道，再说你是为了工作，其他部门临时支援也是应该的，再说我还支持你呢。

王：张经理，你这么说我心里就有底了，您说该怎么办？

张：怎么是我说了？不是应该你说吗？

王：哦。那这样，我去动员保洁部，您让其他部门来支持我们，行吗？

张：当然行啊。你回去做一个分派计划，保安部、财务部、办公室都负责什么地方，我让他们找你，你来指挥。好吧？

王：没问题，谢谢领导。

张：谢什么，这是工作嘛。

二、经理人的组织价值

美国社会科学家乔治·盖洛普博士于1935年创立了盖洛普公司，在长达60多年的时间里，用科学方法测量和分析选民、消费者和员工的意见、态度和行为，经过对200多万人的个别访谈及对400多个工作岗位的研究，盖洛普创立了独特的优势心理学理论，并基于这一理论基础，得出了理论模型和工具，就是“盖洛普路径”，如图1-1所示。

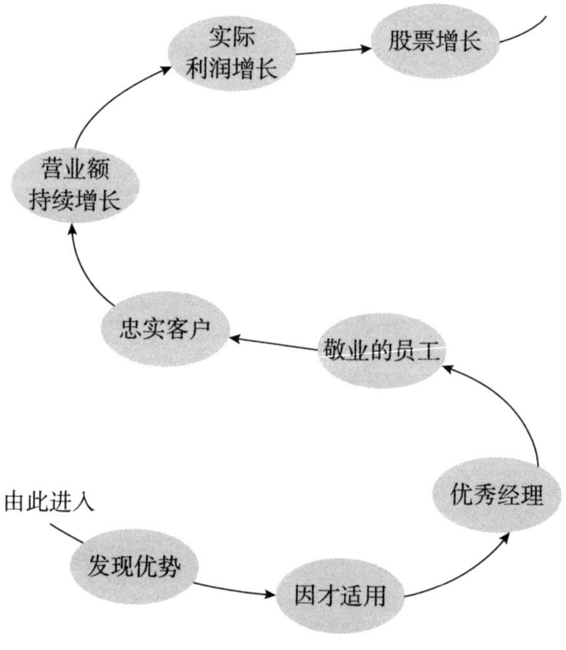

图1-1 盖洛普路径

按照图1-1呈现出的逻辑，我们可以做一个逆向的推导：一个企业必然要追求资产增值，这个资产包括有形资产（人员规模、厂房设备、资金储备）和无形资产（品牌影响力），这些综合因素反映出来的综合指标，就是股票的价值；股票价值的增长取决于企业实际利润的增长，而实际利润的增长则来自营业额的增长（事实上各行各业的利润率都是相对固定的），那么营业额的增长取决于什么呢？首先企业要有一批忠实的客户，所谓忠实的客户就是高度认可企业的产品或服务，那么怎么才能让企业客户认可我们的产品和服务呢？这个事情只能通过一线的敬业的员工才能做到，那么接下来，敬业的员工从何而来呢？是由优秀的基层经理培养出来的。这就是基层经理在公司的价值链中所处的位置。可以说，素质过硬、业务过关的经理人，才是企业成功的决定性因素。

案例2

关注、爱护基层党员干部

在国家社科基金调研中，相关数据引起我们的高度重视。

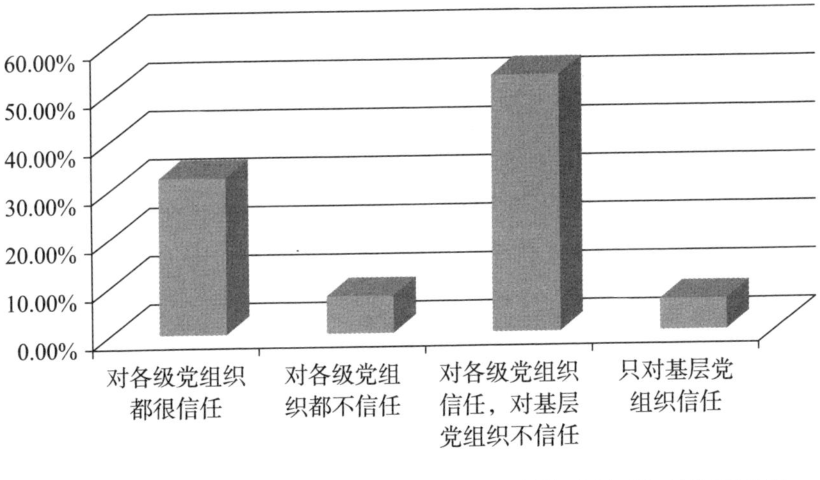

图1–2　“加强和改进党的群众工作，巩固党的执政基础”的调查研究

- 群众对各级党组织都很信任占32.46%
- 群众对各级党组织都不信任占7.69%
- 群众对各级党组织信任，对基层党组织不信任占53.28%
- 群众只对基层党组织信任占6.57%

调研结果带来的重要意义：我们党要求必须重视和爱护广大基层干部，确保基层党组织有资源、有能力为群众服务，使每个基层党组织都成为坚实的战斗堡垒。

第二节 ┃ 道家：增强组织凝聚力的关键

一、道家思想要点

道家思想要点如下：

- 无为而治。强调登高望远，尊重规律，顺应潮流，道法自然。
- 掌握规律，辨识方向，深谋远虑，高瞻远瞩。
- 强调“政简刑清”，反对“繁复苛重”，减少干预，放手放权。
- “以正治国”，抓重点，抓关键，重“内治”，辨方向，谋大略。
- “谦下”为本，知人善任，“人尽其才”“才尽其用”。

道家是春秋战国时期诸子百家中最重要的思想学派之一。西汉初年，汉文帝、汉景帝以道家思想治国。道家提倡“无为而治”“以人为本”“顺其自然”，尊重人的自主性，这使人民从秦朝苛政之后得以休养生息，出现了“文景之治”，汉代的国力也达到了一个高峰。

“道家”思想倡导的“无为”乃是“有所为，有所不为”。中层管理者面对间接下属存在的问题时，要避免冲到第一线直接解决，不可否认，直接解决这样的行为比较高效和直接，在特定条件下也是必要的，但这也会打乱组织程序。影视剧《亮剑》里的主人公李云龙就是一个愿意直接解决问题的干部，在战争时期，他作为团长直接参与战斗当然能起到身先士卒的表率作用，但是万一他负伤或牺牲了，就可能使部队秩序混乱，其导致的后果是非常严重的。而在和平时期，这样的做法就是“越级”了。

二、以案分析道家思想

我们再回到前面提到的案例1中，张经理越过保洁主管王军批评保洁员李莉就是一种不恰当的行为，原因如下：

第一，即使张经理批评得完全正确，但也可能给一线员工留下一个“严厉”的印象（比直接主管更高层级的经理出面，员工已经很紧张了，加上声色俱厉，更容易被看作“不近人情”）；

第二，若张经理未能事先了解情况而让员工受了“委屈”，必会让下属觉得管理层不辨是非、主观武断，员工产生“糊涂领导”的评价也是很自然的。

从组织程序来讲，批评员工和“扮黑脸”的事情最好让责任人的直接主管来做，间接管理者最好能以慈示下，让员工感受到公司文化的阳光面，对公司产生积极的感情。

深究中层管理者面对间接下属往往愿意“直接解决问题”的心理动因，某种程度上是虚荣心和自大心理在作祟。

按照道家思想的指导方针，管理者考虑的应该是企业的发展方向和如何创造“充满乐趣的工作平台”，而非介入运营细节。过多地干涉下属工作，不利于下属经理人威信的树立。要知道，这些基层干部都曾被你看作“有才干的人”。所以说，上司的职责是引领，而不是运营，你要让团队里的人有一种“人尽其才、才尽其用”的感受。

案例3

不自知的“自我意识”

李洋是某公司的HRD（Human Resource Director，人力资源总

监），工作能力强，思维敏捷，做事雷厉风行。在他看来，别的同事能力都比较欠缺，即使是老总也过于谨慎、不够果决。

李洋有3名下属经理：赵华负责招聘和员工关系；辛紫负责薪酬福利和绩效；彭笑负责培训和发展，每个人手下加上业务专员和实习生，HR部门将近20人。公司是一个集团企业，所辖7万多名员工，大家的工作都很饱和，而3位下属经理都是30岁左右，带队伍的经验不足，所以李洋的工作就不得不“能上能下”。

有几次员工之间闹矛盾，甚至客户都有所反映，而下属经理在情面方面考虑较多，处置不力，于是李洋亲自处理，很快平息了事件，客户和当事人的反馈很积极正面，这也让李洋感到欣慰。他暗自观察，看着其他业务部门的主管领导因为下属之间的“内乱”和执行不到位，被搞得心情郁闷，不由得暗自好笑——都是你自己不行，真不晓得你们是怎么做到中层领导的。

李洋工作能力出众，我们可以感受得到，但李洋这种不把他人放在眼中的视角和心态必然会影响其行为。即使你能力突出，也必须要约束自己的这种得意心态！否则很容易导致“刚愎自用”或者“妄自尊大”。职场中经常见到有才干的人被排挤，很大程度上就是因为他的能力让他目空一切，导致没人待见，最后落得个悲惨结局——笔者在这里讲一个恃才傲物的故事，希望能够给职场中的有才之士一点启发。

案例4

祢衡之死

东汉末年，河北有一位名叫祢衡的名士，自幼饱读诗书，精于韬略，以能言善辩闻名于世，受到北海太守孔融的赏识，被聘为幕宾。后又被推荐给朝廷，当时曹操当权，在接见祢衡时显得倨傲无礼，祢衡大失所望。

祢衡曾说过这样的话，纵观天下，能入他法眼的就只有孔融和杨修，其他人都不值一提。

于是曹操任命他为鼓吏，因为这个岗位需要当众更衣，其实曹操就是要羞辱他一下，没想到祢衡当着所有人的面脱光了衣服、做了精彩的击鼓表演，还当众指出了曹操的很多短处，这让曹操心里非常生气，但是因为祢衡的名气，曹操不想落个杀才的名声，就把他推荐给了刘表，刘表一开始当然也是对祢衡尊敬有加，没想到一段时间后，祢衡狂态显露，时不时地指出刘表的错误和不足，这让刘表很生气，但是他也不想亲手杀他，就把祢衡推荐给了江夏太守黄祖，黄祖这个人性急，他刚开始也是善待祢衡的，但后来祢衡狂性发作，当众侮辱黄祖，急性子的黄祖一气之下，就把祢衡杀了。

有这样一种现象，才华横溢的文人往往不被人待见，命运往往也更坎坷。其实，这都跟自己的性格有很大的关系，你比别人有才华，就更要避免瞧不起人，以免招致嫉妒和被人陷害，这样才是保护自己才华的最重要的方法。

第三节 ┃ 儒家：职场人际与管理文化的原则

一、儒家思想要点

儒家思想要点如下：

- “人性本善”，强调恩泽、教化、感染，以人为本。
- 强调“德治”和“仁政”，主张“以理服人”“以德感人”“以情动人”；恪守中庸，防止“过”和“不及”。
- 以“和”为贵。
- 严于律己，宽以待人，对己“先义后利”，对人则“先利后义”。
- 强调“为政在人”，主张“有教无类”“诲人不倦”，倡导“因材施教”“循循善诱”。

汉武帝时期，儒家学者董仲舒上《天人三策》，把君权神圣化，迎合了汉武帝的意愿，所以汉武帝就“罢黜百家，独尊儒术”。从此，儒家文化开始成为“显学”，后代皇帝沿袭这一国策，从此儒家思想成为中国的正统思想。

儒家强调“中庸之道”与“和谐”，其实就是“严于律己、宽以待人”的协调与包容。唯有如此，才能建立起相互理解、关爱、支持的团队氛围。

二、以案分析儒家思想

在案例1中，张经理不能容忍有人给大厦的荣誉抹黑，所以“仓促”开会。这种底层心理可能是对自身成绩（把组织荣誉当成自身能力的证明）被怀疑和抹杀的一种恼羞成怒和“冲动”的表现。

当众“大发雷霆”与儒家“恩泽、教化、感染”的理念背道而驰。

没有事先知会保洁主管王军并了解状况，某种程度上是对基层管理者能力的不信任与不尊重，到头来可能徒增尴尬，而不是“循循善诱”。

张经理在这件事情的处理上，若能贯彻儒家的管理思想，则可以处理得更得体，既能改进工作又能教育下属。

读者可以从本书第6页案例1（续）中的保洁主管和张经理的对话感受一下。

作为中层管理者，要以儒家的“严于律己、宽以待人”的自律理念要求自己。自律的对立面是随性（被情绪控制），而随性说明了阅历的缺失，如果我们过于随性，不能控制自己的情绪，往往会造成严重的后果，使自己陷于尴尬境地。

第四节 ❙ 法家：管理举措与理念贯彻的保障

一、法家思想要点

法家思想要点如下：

- 人性本恶，强调监督、告诫、处罚。人有趋利避害的天性。
- 贯彻有法可依，有法必依，执法必严，违法必究的原则。
- 主张："国贵少变"。

法家思想在秦朝是治国的核心理念。彼时法家思想被推崇是有原因的，战国末期社会变革激烈，新兴地主阶级迫切希望在政治上、思想上的统一，而秦始皇横扫六合、国家一统后也需要加强皇权，维护统治。恰逢其时，法家倡导的权术、刑罚等手段能最有效地达到统治效果，于是法家思想登上历史舞台。

法家思想的核心是"严刑峻法"。作为管理者，理论上应该是员工做对了就给予奖励，做错了就给予惩罚，按照制度办事。

贯彻法家思想，首先就是要坚持原则。战国时期的商鞅是著名的法家代表人物，也是著名的政治家和思想家。应秦孝公求贤令入秦，说服秦孝公变法。商鞅提出了废井田、重农桑、奖军功、实行统一度量和郡县制等一整套变法求新的发展策略。严苛的法令制度极大地汇集了民众的力量，秦国的经济得到发展，军队战斗力不断加强，发展成为战国后期最富强的封建国家。乃至后期商鞅被迫害出逃，他找到一家客店准备住宿，店主不知他是商鞅，对他说："商鞅定下规矩，留住没有凭证（类似当今的身份证）的人，我要受'连坐'的处罚。"可怜的商鞅被逮捕后，惨死在自己制定的规定下。也算是为自己的理想奉献了生命，死得其所。

制定了规范而不遵守，那还不如不制定。法家强调“依法治国”，虽有严苛之嫌，但是从另一方面来看，其积极意义显而易见。在物欲横流的现代社会，发展之迅速，诱惑之多，一个国家、一个企业要正常运作，必须要制度严密、惩罚严正、执法严格。

但是，现实中有很多企业在执行制度时，落实并不到位。很多中层、基层干部更是畏手畏脚，不愿意和那些“犯错误”的员工“撕破脸”，很多人会拿人情这个毫无力量的借口来开脱，这不仅于事无补，还有为自己的无能为力遮羞之嫌。在笔者看来，制度执行不到位主要是两个方面的原因：一是基层干部得不到强大的支持和授权，有心无力；二是企业最高领导层魄力不够，自身就无法坚持管理原则，无法作为下属的表率。

对待我国企业中被管理的人群状况，单纯的“人治”与“法治”，都未必完全适用。在“法治”的基础上“人治”，也就是“开明专制”，可能才是最佳方案。

二、以案分析法家思想

案例5

艰难的执行

人力资源行政部的赵经理为了打造公司的执行文化，决定从细微处抓起，于是在与高层协商后出台了新的考勤制度：规定1个月内迟到累计达到3次的，按照50元／次罚款，月底执行。通知上盖了人力资源部和总经理办公室的公章。

公司职员看这次公司下了决心整顿，上班迟到的现象减少了很多。就连号称“迟到大王”的销售员关磊，自通知发布半个月以来也就迟到过一次。今天轮到赵经理在公司前厅监督考勤，关磊第二次迟到了，他走过来说：“赵经理，今天我迟到了，但是我确实有原因，客户刚才给我打电话说一个合同的事情，地铁里信号不好，我只能先下车在站台接完电话，再乘坐下一班地铁赶来上班，所以才耽误了几分钟，我这也是为公司考虑啊。”赵经理说：“关磊，迟到次数累计3次公司才会罚款，所以你后半个月不迟到就行了。”关磊虽然当时有点不快，但是也没说什么。

月底前两天赵经理执勤，碰巧关磊又迟到了。“关磊，迟到次数累计达到3次了，罚款150元哦。”赵经理说道。

“赵经理，我女儿病了，发高烧，我一大早要送她去医院，再赶过来上班。孩子妈妈又在外地出差，家里所有事情都离不开我，我为了不迟到，今天差点出车祸。我知道你考勤是按照制度办事，但是也要人性化一点啊。我在公司好几年了，虽然以前迟到得比较多，但我一直都在提醒自己改进啊，你也看到了我这个月比以前好了很多。上次迟到也是因为接客户的电话，当时我就跟你说了的。你现在扣我工资，我怎么能想得通？”关磊这一大番话让赵经理犯了难，关磊业绩一直很好，如果因为这事情辞职，老总肯定不高兴。最近他的考勤也确实有所改善，这样一罚是不是会打消他的工作积极性。他说的理由也是人之常情，员工遇到难处公司应该支持，更何况关磊与自己私交也不错，这么罚款似乎有些不近人情。于是赵经理把关磊拉到一旁说：“孩子生病当然重要，你的考勤情况比以前有进步我也清楚，罚款不是目的，只要你以后别再迟到，起个带头作用我就感激不尽了。这样，你补一个事假条，这次罚款就先不用交了。”

“太谢谢了，赵经理，你放心，我以后一定支持你的工作。”关磊高兴地说。

半年后，赵经理检视工作时发现迟到的现象又回到了新考勤制度出台前的状况，收到的事病假条数量明显增多了。

赵经理作为制度执行者并没有坚持“执法必严”“违法必究”，而是“法”让位于“情”。破坏制度的往往不是别人，正是执法者自己。

其实法令的推行难就难在开头，踢开“前三脚”是最难的。最先被惩戒的人和事具有“炉壁效应”。所谓的“炉壁效应”，指的是小孩因为好奇去摸烧红的炉子，被烫之后孩子为避免再被伤害会避免触碰烧红的炉壁，员工管理也是同样的道理。

毋庸讳言，我们生活的社会环境是很看重人情的，如果一个人机械地遵守“严刑峻法”原则去行事，很可能会“众叛亲离”。这就需要执行者能够艺术性地处理“情、理、法”之间的关系，以得到“情、理、法”兼顾的结果。

案例5中，关磊提出要离职只是一个相威胁的说辞，即使到总经理那里他也是理亏在先。但还是要避免事态升级，以免处置不当。

试想，若赵经理对被处罚者个人的处境表示理解，在情理上与之共鸣，也许会产生不一样的效果。参考话术如下。

案例5（续）

关磊，你是公司的老员工，一个制度被执行下来有多艰难，我想你很清楚。我既然负责人事考勤，就要坚持原则，我也不认为这跟你我之间的私交有什么直接的关系，更谈不上我看你不顺眼。家里小孩生病送医院是大事，耽误不得，接客户电话也是大事。但我认为这些都不是迟到的理由。换作你是我，你会怎么办？因为私人关系好就假装没看见？正是因为我们私交好，你更要支持我的工作，不是吗？这样，这150元我给你垫上（此情此景大多数人会表示拒绝），但是我还是需要通报处理结果。如果你觉得我这么做不对，你可以找领导让他们开除我这个不合格的行政经理，这得罪人的事我也不爱干。如果你觉得我不够朋友，我以后也尽量不出现在你面前，见到你就躲着你，省得你因为这点事恨我，行不行？

（事实上赵经理和关磊再见面的时候，他一定会主动表示亲近，否则会被认为在“记恨”赵经理）

另外，做有思想的执行者。

案例1中的保洁主管王军是张经理的直接下属，面对王军的工作失误时，张经理的观念就体现出了执行者的思想高度。

案例中，王军要求保洁人员中午12点前完成清洁工作的安排很明显不具备“提供优质物业服务”的思想高度。根据他的行为能够推断，其管理思想更多停留在做好“主管这份工作”的层面上，他没有深刻理解公司倡导的“通过管理工作为客户提供优质服务”的理念。

法家主张的“有法可依，有法必依，执法必严，违法必究”也适用于服务理念的落实。“提供优质物业服务”的内涵就是“安全”“愉悦”“舒适”。

安全——消防通道与设施的完备；电力、输送、通信设施的正常工作与维护。

愉悦——整洁、安静的环境；主动、积极热情的服务。

舒适——室温的控制、公共秩序的维护。

作为保洁部主管王军的直接上级，张经理要帮助其理解企业服务理念的内涵并指导其落实工作任务。

在接下来的对话中，张经理提高下属思想高度的同时也体现了法家的主张。

案例1（续）

张：这件事我可以帮你协调并达到目标，但我们是不是也该思考一下，从中收获了什么？（引导下属深入反思）

王：收获！？嗯，就是……提供优质服务……还有……就是在上班时段内保证环境整洁。

张：还有呢？

王：如果有突发状况，就找领导。

张：不是找领导，是寻求其他部门的支持，领导是帮你协调的人。

王：对，寻求支援。

张：记住，你要把公司倡导的“提供优质服务”落实到具体的工作当中。放在你身上就是带动保洁组，保证工作时段内楼面的整洁，这就是你的工作核心。

（有法可依、有法必依）

王：没错。

张：所以，你知道从我的角度评价你的工作绩效的标准吗？

王：知道。

张：说说。

王：我带领保洁组保证楼面整洁，尤其是在工作时间段内。如果遇到特殊情况，可以寻求上级的帮助和其他部门的支援。

张：没错，如果你没做到怎么办？就像这次，让客户公司对我们物业的服务产生了不满情绪。

（执法必严）

王：是我工作不到位，考虑问题也不全面，您可以处罚我。

张：这不能完全怪你，我也有责任，没有帮大家深入理解公司的服务理念。这件事很有代表意义，我想借此事在我们大厦开展一次服务理念的深入研讨，并把你的这件事在会前通报一下，你看怎么样？

（有错必究）

王：张经理，我没意见，通过这件事我也意识到了很多问题，也跟着您学到了很多知识，还是您的水平高。

张：王军，你的这个态度非常好，我们通报这件事主要是为引起大家的重视，避免今后工作中出现同样的问题，你同意就好。

（赏罚分明）

中层管理者面对直接下属时，贯彻“法家”的管理思想，严格执法，制度第一，不做“好好先生”，才能做到令行禁止，实现组织的高效运转。当然，还要关注“情”和“理”，毕竟管理者也不是生活在“真空中”。管理者既要坚持原则也要争取支持，在关注员工个人情感的同时也要尽可能取得他们的理解。

实际上，法家思想强调的就是结果导向，执行者按照规定做对了就给予奖赏，做错了就给予惩罚。只要明确规定了的，就必须按照规定来，基层干部也无须请示。但是在实际工作中，基层干部有时会过多地考虑上司的“感受”，唯恐上司对自己“不满意”，养成了“勤请示，多汇报”的习惯，导致执行指令时过多地受到个人因素的影响。在这一点上，部分上级领导也有需要完善的地方，上级领导的个人好恶在一定程度上也会影响到制度的执行效果。

关于这个问题，任正非的一段话说得非常透彻：“到底是实行对人负责制还是对事负责制，这是管理的两个原则。我们公司（华为）确立的是对事负责的流程责任制，我们把权力下放给最明白、最有责任心的人，让他们对流程进行例行管理，高层实行委员会制，把例外管理的权力下放给委员会，并不断地把例外管理转变为例行管理。流程中设立若干监控点，由上级部门不断执行监察控制，这样公司才能做到无为而治。”

案例6

对事负责还是对人负责[①]

对事负责制与对人负责制是有本质区别的，一个是扩张体系，另一个是收敛体系。

为什么我们要强调以流程型和时效型为主导的体系呢？现在流程上运作的干部，他们还习惯于事事都请示上级。这是错的，已经有规定，或者成为惯例的东西，不必请示，应快速让它执行下去。执行流程的人，是对事情负责，这就是对事负责制。事事请示，就

① 任正非：《华为的冬天》，该篇文章发表于华为内刊。

是对人负责制，它是收敛的。我们要减化不必要确认的东西，要减少在管理中不必要、不重要的环节，否则公司就无法做到高速运转。现在我们机关有一些不必要的部门在制造垃圾，然后这些垃圾又进入分捡、清理，制造一些不必要的工作机会。搞了一些复杂的程序以及不必要的报表、文件，这些繁杂的机关程序无法为公司带来直接效益。因此我们一定要在监控有效的条件下，尽力精简机关。

公司员工每天都向办事处要报表，今天要这个报表，明天要那个报表，这是无能的工作表现。但如果办事处每一个月把所有的数据填一个表，放到数据库里，机关要数据就到数据库里找，就会大大提高工作效率。从明天开始，市场部把多余的干部组成一个数据库小组，所有数据只能向这个小组要，不能向办事处要，办事处一定要给机关打分，你们不要给他们打太高的分，让他们吃一点亏，否则他们不会明白这个道理，就不会服务于你们，使你作战有力。

在本职工作中，我们一定要敢于负责，使流程速度加快，清除掉那些工作时明哲保身的人。华为给了员工很好的利益，于是有人说千万不要丢了这个位子，千万不要丢掉这个利益。凡是要保护自己利益的人，就要免除他的职务，因为他已经成为变革的绊脚石。在过去的1年里，如果没有改进行为的，甚至一次错误也没犯过，工作也没有改进的，是不是可以考虑就地免除他的职务？他部门的人均效益没提高，他这个科长就不能当了。他说他也没有犯错啊，但是没犯错就可以当干部吗？有些人没犯过一次错误，因为他一件事情都没做。而有些人在工作中犯了一些错误，但他管理的部门人均效益提升很大，我认为这种干部就要用。对既没犯过错误，又没有改进的干部可以就地免职。

第五节 ┃ 中层管理者角色定位

一、管理者的哲学命题：我是谁，我要干什么，我要怎么干

有人说每个保安都是哲学家。他们每天都在提出哲学界的三个终极问题：你是谁？你从哪里来？你到哪里去？这听上去很好笑，但是你会发现保安关注的层次和能够会心一笑的人关注的层次并不一样。

笔者在这里要再提到一个人物，他每天都在告诉别人他自己对这三个问题的答案，这个人就是唐僧："我是取经的和尚，来自东土大唐，去往西天拜佛求经。"

不管是问问题的还是回答问题的，实际上，你真正要思考的是，你是否知道自己的答案？

在我看来，我们每个职场中人都应该问自己，我是不是已经明确回答了这3个问题？我们都是人生修行路上的取经人，我们是否也像唐僧那样很清楚自己的使命和方向？

只有深刻地、明晰地找到自己的答案后，我们才能真正做到不忘初心、无问西东、方得始终。

笔者列出了商业组织中高层、中层、基层的目标与职责，希望能够为读者明确内在的观念。

表 1-1　商业组织中高层、中层、基层的目标与职责

层　级	目　标	职　责
高层	保证总目标与环境的协调	制定全局标准（愿景设计、生存空间）
中层	保证组织成为一个畅通的主体	随机权变协调（上下、内外）
基层	保证战略与战术的实施	操作性激励（工作及时完成）

高层领导者要明确企业的方向，也就是愿景设计。他的经验和眼光最大的价值就是要确保这个方向是正确的，否则就是不称职。如果公司的目的是赚钱，那么领导层就要能够抓住赚钱的机会，在合适的时间进场，并在赚取丰厚回报后及时离场，使收益最大化、损失最小化。

有些员工总是在抱怨老板唯利是图，但实际上这是员工的不成熟。公司老板的目的就是要赚钱，员工没有理由要求老板必须有情怀，做奉献。

再看生存空间，高层还有一个任务，就是要营造一个能促进目标实现的工作环境，这就需要建设制度并且形成文化，让“志同道合”者有宾至如归的感觉。

在美国电影《华尔街之狼》中，公司创始人乔丹·贝尔福特自己就是一个自私无赖和唯利是图的流氓，他的公司同样聚集了一群这样的人，于是公司就形成了追求刺激、看重物质享受、利益至上的文化氛围。

高层领导者要想实现目标和在既定战略方向上不断进步，就必须塑造合适的文化氛围才行。

中层干部是一个组织中最重要的群体，他们是企业理念的倡导者和实践者，他们要身体力行地带领人们奔向目标。中层干部同样也是高层意志走向现实的推动者，在这个过程中，中层干部要保证组织始终是一个畅通的主体。中层干部既要让人们接受和认同高层制定的愿景，还要解决实现愿景的过程中出现的各种问题，无论是上下沟通还是内外沟通，中层干部作为中间节点和缓冲区域，必须能够根据情势随机应变，组织协调。中层干部要能深刻理解高层的意图，并将其转化为基层能够接受和乐于接受的形式和表述。

基层干部作为任务执行中的关键环节，要保证战略与战术的实施，把高层的战略意图转化为下属听得懂的战术动作。基层干部是落地的根本，他们的工作涉及具体的操作动作的完成，因此对于基层干部工作的结果导向的考评机制就很重要，凡是能够按时、按质、按量达成指标的，都应该给予奖励和赞赏，而且最好是即时兑现。

在这个阶段，高层领导应当尽量避免单纯要求管理干部的思想觉悟——必须是在保证收益的基础上再谈精神境界，否则的话，没有结果贡献，所有设想都会成为空中楼阁。笔者非常欣赏任正非提出的“薪资待遇向一线倾斜”的主张，只有工作结果才是企业真正的价值。这个道理虽然简单，却是众多的经营者容易忽略的问题，任正非作为中国最佳企业之一的创始人、商业思想家，他带领华为公司取得的成就，就是这个观点最好的明证。

二、落实管理角色的指导原则

作为企业的管理干部，需要明确自己的工作方向和重点，其实就是明确回答“我能做什么？”和“我该怎么做？”的问题。此书定位的读者群体就是中层干部，那么我们就来着重探讨中层干部在这个问题上的具体实践思路——影视剧《亮剑》中有这样一个情节。

案例7

（新一团与日军坂田联队激战，阵地反复易手，双方伤亡惨重）

李云龙：对方是日军哪个部队？

张大彪：坂田联队。上次云岭反扫荡，386旅独立团就是跟这个坂田联队打了场遭遇战，团长孔捷负伤，政委李文英牺牲，你说过他是咱们旅的死对头。

李云龙：娘的，今天算是撞上了，算他倒霉。我正琢磨着为我那两位老战友出口气，他还来了，坂田这个兔崽子，我非砸碎了他不可。

张大彪：团长，他们可是号称鬼子的精锐，这次咱就……

李云龙：什么他娘的精锐，我就不信这个邪，老子打的就是精锐！传我的命令，全体上刺刀，准备进攻。

张大彪：进攻？团长，现在可是敌人在进攻。

李云龙：没听见命令吗？听仔细了，到了这个份儿上，咱不会别的就会进攻！

张大彪：全体上刺刀，准备进攻。

（战士们全体执行命令，准备白刃战）

这里的张大彪就是一个中层管理者，他要把团长李云龙的战术分解成让战士们听得懂并能够执行的动作。

作为中层干部，把组织的目标与倡导的理念分解成下属能够理解和便于执行的动作，就是中层干部所应负责的工作。

至于“我该怎么做？”的问题，需要中层管理者明确自己对于组织而言的价值所在，这才是“该怎么做”的着力点。而指导行为的，是人内心的立场和原则。这其实也是管理者职业化精神的基础，可以分为三个维度。

1. 企业经营者的代言人

企业环境是一种特殊的社会结构，它不像军队那样有不可回避、强制执行的纪律和长久以来形成的心理认同，更不像家庭那样具有与生俱来的亲缘和感情。企业氛围介于两者之间，企业员工既要遵守制度规范又要维持人际相处的亲密，这就犹如天平的两端，期望始终保持平衡。

中层管理者要认清自己在做代言人时的角色和定位。唐骏号称中国的“打工皇帝”，他加盟盛大网络时任总裁，而董事长陈天桥的亲属任公司的副总裁。有人问唐骏如何摆正自己的位置，唐骏回答说：“公司管理中一定有陈总想说却不能说的话，想做但不能做的事，那些陈总想说却不能说的话谁来说？我说。陈总想做但不能做的事谁来做？我做。”

我们不妨把这句话演绎一下，工作中一定有高层领导想说但不便说的话（如批评），想做但不便做的事（如处罚违反规定者）。这些事情谁来做？中层管理者来做！通俗说来就是中基层干部唱“白脸”，然后把唱“红脸”的机会留给高层领导。这样也正迎合了高层领导需要用愿景和观念来凝聚员工，中基层干部用规范和行为约束来引导员工的职责。实际上，这样的行为指导原则正好影射了管理者组织利益的代言人身份。也唯有如此，中层干部才能够和企业高层领导甚至企业创始人成为平等的事业伙伴。

案例8

淘汰一个落后的高管可以激励好几个优秀员工[①]

干部管理工作一定要对准贡献这个目标，在贡献面前人人平等。总干部部要抓住时机，支撑公司队伍换血以避免平庸与惰怠，打造一支可支持公司在未来占领胜利制高点的钢铁干部队伍。总干部部以及各级干部管理的所有一切工作要对准目标，这个目标就是贡献。管理就是要强调干部的实际贡献，而不是过于强调干部的素质。过去把素质看得很重，没有贡献怎么可以？这个人能力用素质模型去评价或许不强，但实际贡献很大，为什么不可以先提起来？提起来后继续考核，考核素质，不行还可以下去，归队当兵。每个干部都说自己有贡献，那就公示出来，大家评议，可以贴在网上去嘛。

要大胆在火线中选拔，在战壕中提拔干部、专家、专业人员，要让一些优秀人员直接穿越上来，以激活干部群体和组织。干部要抓得住主要矛盾和矛盾的主要方面，聚焦胜利。主官、主管一定实行每年10%的末位淘汰，迫使自我学习，科学奋斗。下岗的管理干部一律去内部人才市场重找工作机会。实在需要向下安排岗位的，一定先降到所去岗位的职级，并继续考核不放松；专家一定通过"以考促训"提高自己的能力，不断地通过循环考核、考试，在实践中作出贡献才给以评价。在循环考核、考试中区别使用，以及合理淘汰；专业人士主要做好自己的本职工作，对过程负责，不对结果负责，准确、及时、认真地服务，实行绝对考核，不进行相对考核，

---

① 2019年6月18日任正非在干部管理工作汇报会议上的讲话。

不实行末位淘汰。考试岗位不变，也许每次考试题目也不变，不同专业、不同职级考试不同。可以工作到五六十岁。出成绩的地方要出干部、出专家、出优秀职员，没有出成绩的地方，要客观评价、综合考虑，不完全是简单的数据。我们对干部不求全责备，可以提拔起来再要求他改正自己不足的地方，不要总是提拔乖孩子上来。我们现在就要通过这3—5年把一批平庸或惰怠的干部更替掉，要下决心换一批血。不然5年以后，我们要去争夺世界战争的制高点时，干部还是稀稀拉拉的样子，那么现在留下那些干部有什么用？

干部管理是每个部门一把手的责任，总干部部及各级干部管理体系是支撑系统。在这个大原则定下来以后，也要允许总干部部大胆行使一些必要的权力，将不合适的干部及时识别、铲除和替换。抓紧时间精兵简政，加快干部专家破格提拔的步伐、加快对平庸干部的淘汰。淘汰从机关开始、从高级干部开始，从一层AT开始。华为不是永恒可以在这里工作的，要抓紧时间精兵简政、减少不贡献或贡献不大的冗员。合理分步骤地改组AT团队，AT必须是领导胜利的团队。当前形势下公司不是大力扩张阶段，是战略收缩与巩固阶段，不能好好干活的人就应该离开。精简的对象也可以是高级干部，高级干部有什么不可以淘汰的？平庸、惰怠和落后的高管淘汰了，下面优秀基层员工就可以升上来成为高级干部，淘汰一个落后的高管可以支撑好几个优秀员工的激励。

机关干部不能官官相护，能干的人没贡献也要退出。随着我们管理水平越来越高，也不需要这么多所谓能干的人待在机关，能干的人没贡献也要走人。要加快基层专家、客户经理、支撑服务的人员破格提拔的步伐，因为流水不腐、户枢不蠹，平庸与落后干部堆积，公司迟早要败掉。所以机关干部不能官官相护，机关要接受一线的评价，努力为前线服务、支持、合理监管，基层才会信任你。机关铲除了平庸的人员，一线还有其他优秀人才可以上来。在当前的干部梳理中，这个干部原来是正职，现在改为副职，为什么要做这样的事？从正职岗位上不合格清理的，就可以直接到内部劳动力市场找工作去了。我在公共关系部讲话，英国、法国这些公共关系的头，如果不冲锋上战场，只会写PPT，那就转为负责日常流程执行的职员。总部机关应优化管理，实行大部门制，减少重复劳动。你们的重复“劳动”，就是搞乱整个战场，增加一线负担。机关人浮于事重复劳动这种创造就业方式，就是逃避上战场，责任由各体系干部部长承担，你看不清你本部门的人浮于事以及整个机关的平台的重复建设，就是你的任职还不合格。机关当前要加快专业队伍的建设，分清楚哪些是专业岗位，让他们稳定工作，不流动，不相对考核，只有不合格才淘汰。这样机关逐渐转成专业岗位的稳定，大量的人现在所从事的工作，由于其流程和体系的约束，都是相对确定的，都是专业岗位工作。一是流程稳定了，二是专业操作岗位稳定了。放权的工作就可以大胆一些。

美国就是职员制，所以一换领袖，它完全转得过来。它有两条边界，一条是宗教，另一条是法律，有了这两条边界，它就放开创新，汹涌澎湃。在实施机关挤压时，不准机关利用权力往下塞人，除非你能找到帮助作战胜利的机会点。若机关的人都挤压到一线去，不就把一线英雄的岗位抢了吗？说下面的员工水平没有你高，但是人家在战场上爬冰卧雪，在直接作贡献，你凭什么要挤掉人家？所以，机关挤压出来的干部专家，就是到内部劳动力市场，再组成敢死队上战场。机关人员到一线打赢了，可以拿奖金，但不能涨级，涨级机会主要留给在一线作战的基层人员，若一线存在空额，再填补上去。当一线也不需要那么多人时，就大量组织机关人员的退出，带股票走没问题。AT组织要定期改组，要敢于将AT中不能履责、不能管理的人剔除掉，他们要从AT团队出去，不管是多高级别。落后的部门连一把手都不能进AT，可以置换一些基层优秀员工上到AT团队来。我们改革AT团队，可以先从一层AT开始改。要认识到当前的考军长就是要检验个人贡献与能力，是祛除平庸惰怠的一种重要方法，各部门要认真开展好。对于考军长工作有意见、不满意的高级干部，转做别的工作，现在我们就要精兵简政。各部门要对干部群体进行主动梳理，对于不敢调整或调整不够的，部门的薪酬包可以打折、职级晋升要受控制。比如，我们要求降级、降职的人要有百分之多少（辞职走的人不算），那些降职降级不够的组织，薪酬包要打折，升职也不给你；降职降级到位了，保留你的薪酬包。现在不能像过去那样盲目涨工资了，薪酬激励要聚焦业务连续性、关键项目以及绩效优秀的贡献者。今年我们降级的只有13人，这么温和的干部部门，怎么胜任战胜制裁？

2019年股票要加大对中基层，以及破格提拔人员的配股力度。今年配股优先对15—18级，包括19级的优秀人员多配股。再往上，对破格提拔上来的人可以优先配股。对今年入职的应届生，通过考试选拔一批人员上关键项目或战略攻关项目，未能通过考核选拔的，可以进其他项目等统一安排工作。对于11万名软件人员，要通过考试筛选和尽职筛选，以提高我们软件开发的组织能力。比如，考不好、干得好的，给他们做黄继光的机会；考得不好、干得也不好，就淘汰；考得好、干得又好的，就是苗子。考核和考试双管齐下，以这个方式来持续过滤人员。总干部部自己部门的改组要对准结果、对准胜利。大原则确定下来后，可以先开始干起来，其他细节方案再梳理、讨论，不断迭代组织建设的过程。我们常说，监管的第一责任，不敢得罪人，还搞什么监管。一把手也不能把责任推给监管。干部管理工作要对结果负责，若管理结果不好，则相关干部管理组织要整建制置换；管干部的人，如果不是“赵刚”那样的，也要置换掉，到内部劳动力市场去，找工作机会去。大部门顶层机关的人力资源部负责政策的制定，还要进行相关数量的计算，可以考虑与干部部门分立设置，各负其责。但到下面的组织，人力资源和干部部主要工作是执行，应该可以合并。总干部部可以拿出解决方案来，再与人力资源部一起讨论。近期要拿出总干部部编制计划，以便上报审批。

华为大学是一个专业功能模块，是总干部部开展管理的一个工具。怎么用好这个工具，你们探讨，发挥出它的作用就行。华为大学不要去对标社会上的培训考核指标，要对准胜利。世界上有最好的两个大学，黄埔军校就是两条绑腿，抗大就是一条小板凳，小青年、初中生坐那里听一点革命真理，得到一点火花，就去当高级干部了。具体的工作思路不用过多沟通、汇报，大原则现在定下来后，应该允许你们行使权力，就大胆地先干起来。

报送：董事会成员、监事会成员

主送：全体员工，全公开

二〇一九年八月三十日

2.激发他人跟随你一起工作

影响力与号召力是每个管理者都应具备的能力，人们愿意跟随一个人，除二者有共同的目标外，还要享受与之工作的过程，员工都希望自己的工作得到相应的回报并被欣赏。

蒙牛前董事长牛根生曾在伊利集团任营销副总，有一次伊利集团的原董事长郑俊怀奖励牛根生100万元，说“老牛啊，你可以买辆好一点的车”。但是牛根生却把钱分成了好几份，给自己手下的员工每人买了一辆松花江微型车。蒙牛成立后，很多在伊利跟随过牛根生的部下主动跑来支持蒙牛，这正是牛根生领导力的外在表现。用牛根生自己的话说就是“人们都知道老牛喜欢分钱”，但在笔者看来，是因为牛总能够看到别人的付出，并给予其相应的回报。

阿里巴巴合伙人、市场公关委员会主席王帅在阿里巴巴商家论坛上表示：整个2017年，阿里巴巴纳税366亿元，平均每天纳税超1亿元；带动生态上下游纳税超过2900亿元；带动产业链上下游直接和间接创造了3300万就业岗位。阿里巴巴公益平台带动1/4中国人乃至全世界近47亿人次参与公益，累计有超过3.1亿买家、177.8万卖家通过阿里平台投身公益。这些数字让每个阿里人都感到骄傲，他们看到了这个世界因为自己的努力而与众不同，并且一天比一天美好。

王帅说一个好的企业的基础就是要有回馈社会的感恩之心，要有一定的社会担当。一个好的企业能带动更多的企业一起解决更多的社会问题，创造更多的就业机会和税收。好的企业赋能别人，追求幸福感和成就感。不好的企业赋能自己，追求自我的膨胀感和虚荣感。

一个好的企业要有表里如一的标准。企业家自身的行为，是其企业文化的标尺和外在表现。好的企业家一辈子只做一个梦，这个梦就是理想；不好的企业家每天换着花样做梦，结果却忘记初心，一事无成。

案例9

《号召力》序言[①]

平衡团队幸福感和公司利益之间的矛盾一直是企业领导者最关心的问题。当前中国企业学习与发展领域的集注点也真切地反映了这个现实。我们一方面在倡导人本管理和教练技术，期望通过开启心智、帮助员工实现自我价值来提升组织绩效；另一方面也在倡导绩效管理，在组织内部大力推行绩效考核制度，渴望通过对员工的严格要求来达成组织目标。我们不妨把这称为管理的中庸之道——领导者的本质是理论角色的中庸。

面对下属，我们既要做朋友还要做专家。但受人欢迎会带来风险，削弱我们做决策和解决问题的有效性。员工更希望上司是个值得他尊敬的经理，不成熟的管理者才特别看重自身的技术能力，其实员工更关注你是否支持他与他的工作规划和大家的目标。员工希望得到上司的赏识远胜过对上司的崇拜。

在大多数情况下，人们追随的不是某个计划，而是制订这个计划的人。究其根本：管理的工作是计划与预算、组织及配置人员、控制并解决问题，其目的是建立更有效的秩序；领导的工作是确定方向、整合相关者、激励和鼓舞员工，其目的是使众人思想发生变革并自动前行。现实生活中，我们在面临“管理”和“领导”时没有选择，必须做到“两手都要抓，两手都要硬”，在领导团队创造健康和谐的职场环境的同时，创造最优的组织绩效，保证公司的持续

① 《号召力》一书由塔莎·欧里希著，孙春岭译。

良好发展。

作为企业学习的教习者和引路人，我更加深切地体会到：一味地追求那些热闹的、不切实际的学习方法和理论，或迷信某些专家学者的做法，于“解决问题”无益。

十余年的企业管理与培训经历让我越来越坚定地知道，学习者最关心的是“如何行动”，这一点很可能连他自己都不知道。正因如此，无论是《号召力》这本书的作者，还是我这个译者，作为专注于企业学习与发展的专业人士，我们有责任更有义务帮助学习者寻找最佳的学习资源，更要把有价值的、适合本土实际情况的观念传达给更多的人。我一直坚信：中国的管理者绝大部分都拥有足够的智慧、经验和能力。这些人在一起理论上是能够把组织中存在的问题解决的，但事实却是问题层出不穷：组织中的管理层把时间花在争权夺利，或避免任何使自己失去颜面的事情上。每个人都在佯装为团队的目标努力，维持一个组织团结和谐的形象。于是管理行为就体现在维护这个“虚假的团队形象”上：压制同侪的观点；保守的人回避发表意见；共同的决定实际上是彼此妥协的结果（不以组织利益最大化为基准），如果不能达成妥协，通常是相互责备和两极化的争辩，谁也不会把隐藏在分歧后面的基于个人或小集体利益的原因说出来，团队精神在这样的氛围中，不过是期望中的“理想情况”罢了。

当前大部分中国企业仍处于成长和发展的初期，企业领袖和管理者大多根据经验和直觉去开展工作，亟待专业的管理思路和正确的观念指导。这些恰恰是其自身不知道、朋友教不了、对手不会讲的。我一直以来秉承的理念就是希望能给中国的企业领导群体提供从理念到实践都具有“切实”指导意义的学习资源（这一点在我的著作《10天经理人》中也多次提及）。也正是这个原因促使我下定决心要把塔莎·欧里希的著作推介到中国。虽然世界范围内研究“领导艺术”的人士不在少数，但是能在观念上如此契合的毕竟不多。还有，令我把《号召力》欣然推荐给国内领导者的最重要因素，是书中提及的辩证的管理方法。能够同时被东方与西方接受的观念必然具有普适价值。那些只适合于特定人群的观念必然在实践中令实施者感到困惑和尴尬，此点也恰是学习者容易“受伤”的关键，毕竟中国的企业管理尚未成熟，相当多的领导者尚在学习的路上，《号召力》恰恰是比较适合的，它帮助我们把日常管理的很多困惑梳理和总结，并形成了一个知识体系——领导者号召力模型，该模型可以用如下四句话来提纲挈领：

怎样人性化对待员工同时能够促进绩效提高。

怎样尽力帮助员工同时能够培养员工的责任感。

怎样真诚感谢员工同时能够促使员工进步。

怎样用快乐感染员工同时能够推动效率提升。

3.提出解决问题的办法并付诸实践

发现问题和指出问题是大多数人能够做到的，有时基层员工也能讲出一番大道理来，作为中层管理者不应该仅仅停留在指出问题这个层次上，提出问题的同时还要尝试找到有效的解决办法。

众所周知，唐骏作为技术工程师为操作系统英文版汉化作出了巨大的贡献，他提高了工作效率，降低了成本。最可贵的是，他没有在发现问题后就停下来，或者满足于“我已经向领导反映了”的阶段性成果，而是自己去探寻解决问题的方法。正是由于这种高度负责的态度，唐骏在微软公司凭借出色的表现，不断获得晋升的机会，在短短几年中，他便从一名普通的工程师一步步晋升为微软（中国）有限公司总裁。

下面是唐骏的一段话，可以作为其解决问题能力的一个佐证：“我工作时的心态就好像我是公司股东一样。我不仅做好自己的本职工作，还替微软想想有哪些做得不够好或不合理的地方。其实，看到问题的员工很多，但我不仅看到了，还提了出来；提出问题的人也很多，更重要的是我提出来的时候，我已经找到解决方案了；也有人找到解决方案，而我，不只拿出解决方案，而且已经验证过了。这才是公司需要的，因为别人不这么做而我做了，所以机会就是我的了。”

华为有一名员工叫杨玉岗，他从清华大学博士毕业后，于1998年进入华为公司，被领导安排从事与电磁元件相关的工作。在工作中，杨玉岗发现，华为电源产品因某种电磁元件故障而运行不稳定，在市场上频频告急，一度造成某些地方的系统瘫痪，华为也因此而丧失了大量订单，经济损失巨大。在这种情况下，领导将解决该电磁元件故障的任务交给了杨玉岗。经过不懈努力，杨玉岗成功地改进了该电磁元件，使其市场故障率降为零，杨玉岗也因此为华为公司创造了巨大的经济效益，而且每年节约成本100余万元。杨玉岗在“小改进”方面的事迹，受到了任正非的高度重视和赞扬。有趣的是，在华为还有一件事情可以与之做对比：曾经有一名华为的新员工，刚入职不久，针对华为公司的经营战略问题，洋洋洒洒地写了1万多字的意见书，通过部门领导交给了任正非。任正非看后，对这封“万言书”批复如下：“此人如果有精神病，建议送医院治疗。如果没病，建议辞退。”

这两件事反映了华为对员工务实还是务虚的不同态度。正常的情况下，一个公司只有少数高层领导从事务虚工作（树立企业发展目标，评议和挑选干部，监督控制业务流程），而中基层干部都要务实，去改善现状和解决问题。

三、下属经理人的角色定位——高效地完成任务指标

中层管理者是上级、平级、下级三种角色的综合体。明确不同角色的定位，对中层管理者来说是十分必要的。作为下级，中层管理者最重要的就是要高效地完成任务指标。领导交代任务时要表明态度："放心领导，保证完成任务！"下属接受任务时应当双目炯炯有神、挺胸抬头、信心十足，表现出自己认真负责的态度。

中层管理者与企业决策层实际上是一种委托代理的关系，其权力是高层赋予的，行为上要体现高层的意志，工作上要实现高层的目标。

假如一个管理者有这样的想法：老总最近又胡思乱想了，又要搞什么新花样，老总的决定不现实，等等，那么就可以判定这个管理者是不称职的。

中层干部作为一个合格的下属，首先要做的就是执行。当然，中层管理者有义务指出上司的错误决定，但前提是要有充分的证据，而在上司改变他的决定之前，下属的首要任务还是执行。

案例10

夏总与魏总是好朋友，夏总来北京发展的第一桶金就是在魏总的帮助下获得的。目前二人正在合作一个项目，由于中间出现了一些意外状况，导致项目成本大幅度增加，同时魏总因为另一个项目存在问题，资金有些紧张，他希望夏总公司能替自己垫付一部分资

金，自己愿意在项目收益中让利2个百分点（预计为垫付资金的1.2—1.5倍）。几天过去了，夏总却迟迟没有答复，现在生产厂商又在催款，魏总很着急地给夏总打电话，夏总在电话里说自己公司资金也非常紧张，并表示希望魏总最好还是按照既定的方案开展工作。挂了电话，魏总越想越气：这个老夏太不够意思了，当初你困难的时候是谁帮了你？现在我有困难让你支持一下都不肯。

他走出办公室，对负责该项目的李经理说："你给夏总打个电话或者发个邮件告诉他，这个项目我们资金太紧张，除非按照我提出的条件开展，否则就让生产商去找他谈吧！"

李经理知道，魏总正在气头上，而且这个项目对公司来讲很重要，顺利的话，公司很快就能缓解资金问题。若该项目出现差错或被搁浅很可能会给公司造成严重影响。

这个电话（邮件）该怎么打（写）？

该案例有3种结果：

1.李经理完全执行魏总的命令，给夏总发邮件或打电话。可能的结果就是导致组织利益被损害（项目中断、两位老总关系破裂）；

2.执行命令发邮件（打电话），但是把魏总的意思委婉地表达出来；

3.为公司利益考虑，这个命令不执行或有意拖延。

事情的发展是这样的。

案例10（续）

李经理没有发邮件，也没打电话。他想：这个项目对公司来说非常重要，公司的前途才是重点。老板不高兴也就是骂我两句，但他一定能理解我的做法。两天后，夏总打电话给魏总说按照魏总的计划执行，他也不希望因为这个事情影响了多年的合作关系。魏总当然很高兴，通知李经理准备文件和补充协议，同时又问了李经理一句："上次我让你给夏总发邮件，你是怎么发的？"李经理说："魏总，我知道您当时在气头上，这个项目对我们公司很重要，更何况您跟夏总还是很好的朋友，邮件一发可能你们连朋友都做不成了。您看现在这合同不是签了吗？还好我当初没发，您说是不是？"

魏总当时没说什么，2个月后李经理被调离了项目部，不久李经理因为新岗位不能发挥自己的长处，没有什么挑战性而离职了。

有人认为：我为公司着想难道不对吗？我把企业当成自己的家一样爱护，这种情感不应该受到伤害。

与其对立的还有另外一种观点：上级的决策有失误，下级可以直接提出，若上级坚持，那么下级仍需执行。

赞同魏总做法的原因：我做错了，你会不执行；我做对了，你还（可能）会不执行。而上级与下属相较而言还是前者正确的时候多。

中层管理者说到底就是公司的雇员，他只能在老板或高层授权的范围之内"施展拳脚"，决不能"踢开老板闹革命"，尤其是遇到与老板的想法不一致的时候，若难以说服领导，但又想留下来继续工作，妥协是必然的选择。换一种说法，中层管理者就是笼子里的"舞者"，如何在既定的"笼子"里跳出优美而卖座的"舞蹈"是中层的本事。

另外，中层管理者作为下属去完成任务，也会遇到整体利益与个体利益相冲突的时候，此时就需要中层管理者具备大局意识。

电影《集结号》讲述的就是为了掩护大部队的撤退而让小股部队作出牺牲的故事。影片里的连长就是一个有大局观的中层管理者，他具有牺牲小我、成就大我的爱国情操。企业环境中我们并不需要做出生死抉择，但更多的是对我们如何衡量利益得失的考验。

案例11

艰难选择

美红在一家化妆品营销公司工作，因为销售能力强被提拔为上海分公司的销售经理。现在公司计划在江苏某城市组建分公司，公司老总找了其他负责人沟通但都没有达成一致。后来老总跟美红谈话，说作为公司元老希望她能支持一下公司，就算帮老总的忙吧，负责开辟江苏市场。

美红说："孙老师，您讲的大局观我明白，从这个角度上看我应该接受这个工作，但是我有自己的顾虑：我刚结婚不久，双方父母都希望我们这一两年考虑一下孩子的问题，而这个工作在外地，我也确实下不了决心。"

请思考：

- 美红要不要答应老总的（请求）任务？
- 如果考虑整体利益，美红该如何兼顾她的个人需求？
- 若拒绝任务是否有失职业素养？

老总先找了其他人沟通，说明美红不是第一人选。后来又请美红帮忙，说明老总可能没有其他更好的办法了。

作为创业的元老，美红与老总间相互的信任是毋庸置疑的。上级与下属应该有患难见真情的心态，雪中送炭远胜过锦上添花。在关键时刻支持公司就是对老板最大的支持。

那么应该如何兼顾美红的个人需求？笔者询问了美红几个问题：你们老总是男还是女？多大年龄了？有孩子吗？美红告知笔者说老总是女的，40多岁，孩子10岁左右。一般情形下，老总一定能够体会到同为女性的美红的处境。所以，莫不如把这个“人情”做足，作为对老总的支持。相信老总是能够把美红的牺牲看在眼里，记在心上的。正常来讲，老总会找机会补偿和回报美红的。

还有一种可能：万一老板没有“回报”那怎么办？若果真如此，美红用1年的时间看透了老板的为人，看清楚其是否值得追随也未尝不是一件好事。更何况筹建分公司、开拓新市场对一个职场人士来说也是难得的锻炼机会，如此看来也未必都是损失。

面对上级，管理者的身份就是其下属，所以管理者的角色定位就要转换到下属的角色上去，如同你的下属站在你的面前一样。此时管理者必须要清楚地知道自己此时的角色定位与应该有的立场和原则。为了帮助读者更好地把握职业角色的转换，笔者为大家列举了一些表态的话术：

- 面对其他部门，我是您（上司）的替身和代言人，需要表态时，我一定会准确理解您的意图并与您保持一致。
- 对于我而言，您是代表企业的人，我必须维护您的观点和决策。当然，有不同意见的时候，我必须向您反馈，但最后还是以您的意见为准。
- 我做判断的依据是同时维护您和组织的利益，当我认为两者发生冲突时，也会及时向您请示，除非在特殊情况下我才会进行自我决策。当某事件对组织或您的影响属于可控范围内时，我会灵活处理。

四、平级经理人的角色定位——理解和帮助同事

作为平级的中层管理者，彼此要成为生活上的朋友和工作上的伙伴。为实现这个定位，可以从两个方面思索。

1.为对方着想是相互理解的前提

平行部门之间的关系应该是“客户导向”的，即管理者在履行自己职责的同时，应把企业内部其他部门看作“客户”，并力求获得其他部门的满意。

在这里，我们列出与平行部门打交道的3个要点。

要点一：不同部门对于实现公司目标的作用都是不可代替的，都有特定的职能，只有协作才能实现部门价值，若你的部门不能给其他部门提供物的供应、信息的供应、服务的供应，那这个部门就是没有价值的。

要点二：根据公司目标，各部门再制定各自的小目标，并通过会议相互交流，了解其他部门需要我的部门提供什么条件和帮助，如果不能明确这些问题，那就无法明确部门工作的具体内容。

要点三：如果不能从内部客户那里，也就是从其他中层管理者那里发现你的工作重心和工作内容，那么，你就没有理由继续主持工作。

上面提出的3个要点，都是中层干部做组织内沟通的最重要原则，但这些原则的基础是部门职责定位，关于这一点，我们可以用3个问题帮助读者消除困惑：

- 我的部门存在的价值是什么？

- 我的部门的工作目标是什么？
- 我的部门的工作重点是什么？

作为平级同事，关键就是要做到相互支持，在制度不允许或条件有限时就更需要相互理解。

案例12

“赵经理，由于这次你申请的市场预算超出季度预算过多，财务这边恐怕不能支持，除非你去找老总做计划外申请。我知道现在市场竞争很激烈，你们压力很大，但我也只能在精神层面支持你。”

赵经理这次没有拿到资金或许有些失落，但是财务部的经理毕竟表示了理解，说了句客气话。其实你帮不到我也不要紧，你能说出这句话就算是一种安慰。

类似的话术还有：

①根据计划，研发中心经理想在下个月招聘几个工程师。还没有等你去找，人力资源部经理已经打来电话：“老颜，你们部门原来计划在下个月招聘几名工程师，这个计划有没有变化，需要我这里做些什么准备……”

②销售部肖经理接到行政部邢经理的电话：“肖经理吗？下一周公司要召开董事会，车辆比较紧张，你们下周如果有什么接送工作，这周就把单子给我们，以防我这里忙起来耽误了你的事……”

③研发中心经理拿着收据去报销，财务部柴经理说：“根据公司规定，一律凭发票报销，你刚才也说了这张收据的情况比较特殊，这样吧，你放在这里，我回头请示一下老总，好不好？你就不要来

回跑了……”

2. 在内部客户处发现工作重心和工作内容

作为中层管理者，为平行部门提供工作支持是体现其部门价值的关键。作为干部，需要完成为部门间提供满意甚至是超值服务的任务。

- 如果不能从内部客户，特别是从其他管理者那里发现自己的工作重心和工作内容，该中层管理者的工作目标就是不明确的。
- 科学的绩效考核使中层的工作成果指向其服务的对象，而不仅仅指向上司。
- 建立定期的、有效的沟通机制，并帮助中层管理者互相了解对方的需求。

这种“内部客户”导向的服务理念需要中层管理者用行动去践行，而不只是说说而已。

案例13

前瞻性支持

公司在管理会议上最终确定了明年5月在西南大区开办分公司的计划并指定了分公司的负责人。作为公司的HR（Human Resource，人力资源）经理，你会怎么做？

①与分公司筹建负责人进行深度沟通，了解其对分公司的筹建思路及时间规划，记录分公司岗位的构成并明确岗位职责。

②确定招聘广告投放时间段。

③明年3月或4月该负责人一定会向人力资源部门寻求支持，这时你可以正面答复对方：××经理，我知道你会来找我。上次在管理会上我跟你沟通后，去年10月我就投放了与你确定之后的各职位招聘广告，最后共收到3000份简历，我按照10∶1的份额选出了300份。你可以让助理以2∶1的比例先进行电话面试，再二次筛选出120份。然后通知现场面试，一轮现场面试按照60–80人的标准，以2∶1的比例进行淘汰。一轮现场面试后能有30人左右通过，再按照2∶1的比例对剩下的人进行二轮现场面试，最后留下10人左右进入实习期。实习考察期为2个月，2个月后，最终留下5–6人转为正式员工。这基本皆可以满足你第一批人员需求。

（还有一种可能是，招不到人或者收不到简历，那就采用备选方案）

我已经把距离西南分公司最近的3个城市的分公司进行了人才盘点，若招聘效果不理想，必要时可以先从西南分公司抽调3位到4位骨干为你带领新人和开拓市场。

面对同事，管理者的身份就是工作伙伴，因为你们是在同样的目标下开展工作，所以你就应该尽可能地为其提供支持和帮助，这一点是管理者必须要明确的。现在很多企业内部都出现了严重的部门协调和沟通问题，其根本原因在于各部门之间对共同目标的认识不够。但是不同部门也会有各自的专业流程和职责立场，有的时候必然会有部门之间难以协调的问题，那么作为平级部门，该如何表态发言和沟通协调呢？笔者在此为大家列举一些可供参考的表达方式：

- 我是您的工作伙伴，我应该在不违反原则的前提下尽力支持您的工作。

- 我和您一样必须站在自己的职业立场上维护组织利益，在我们之间无法达成一致的时候，需要有更专业的人来帮助我们做出判断。
- 我做判断的依据是不违反我们彼此的职业原则，若事件的影响在职业原则允许和可控的条件下，我可以自主处理。

五、上司管理者的角色定位——客观公正地评价下属

作为公司领导，在面对员工的时候，领导就是企业经营者的代言人，并且代表组织实施管理职能，所以领导必须时刻站在企业的角度和立场去行事。那么员工又是如何看待上级管理者的呢？

- 主管领导对我的态度也就是公司的态度，因为我除了接触直接领导，很难接触到其他上级。
- 直接上级的人品和能力直接影响我对这个企业的印象。
- 我会根据直接上司对待我的态度来决定是否在这里工作，因为他们代表了公司的文化并且体现出了公司的用人之道。

笔者在培训课程中以及和企业学员沟通交流的过程中，多次和他们探讨，一个合格的上司最重要的品质是能力、人品、魄力、勇敢、担当还是体恤下属。我们列出了很多选项，但是最终得出的结果却是公平。这一点和世界领导力大师在全球做的数百万份的调研数据有很大的不同，尽管大师说他的调研中有相当数量的中国人参与。但是，我还是更加相信自己在本土企业里亲自统计出来的数据（参与调研的学员不少于1000人）。

我们有充分的理由可以判断，在本土企业中，员工对其上级管理者的期待，最重要也最关键的品质就是公平。即中层管理者在充任上级领导的角色时，能够公正客观地评价下属。

重视上级的评价，对下属本人而言意义重大。当然，对于组织而言，也同样有非常重要的作用：

- 肯定和体现员工的价值，挖掘其潜力，提高员工的成就感和对企业的满意程度。
- 保证公司内部压力传递机制在个人层面的运转，发挥奖优罚劣的激励作用。

案例14

兆凡，你作为技术支持人员，为本月初湖南长沙的项目作出了巨大的贡献，经销商、客户以及公司领导对你的表现都非常满意。你帮助孙佳经理在规定时间内完成了20个终端客户的系统重置与标准化配置工作，为我们今后的维护工作带来了巨大便利，希望你能够继续保持这种工作状态。同时，这段时间的高强度作业也暴露出了你技术上存在的一些问题，其主要表现在临场经验不足，对我们公司的系统环境不熟悉，如果能快速弥补不足，我相信你会比现在更优秀。公司现在号召技术部员工进一步提高工作能力，下一阶段会有技术考评，项目上的技术得分是最重要的参考项，我相信你一定会有不错的表现，但如果分数较低，则会有降级的危险。

还有你脾气急躁的个性目前已经开始影响团队气氛，听不得他人提出的反对意见，过于强势很可能会对你带来负面影响，这一点你要更加注意。

作为企业管理者，评价下属的工作是常有的事，但评价的意义和方法却很少有人认真地思考过。

案例15

如何评价下属

王经理的下属小李是个急性子，说话比较直接，在会议上发言时往往也不太顾及别人的感受，有一次开会还跟王经理就某一个问题争辩起来，导致事后几天两人见面时还有些别扭。但客观地说，小李的工作能力还是不错的，最近的几件工作也都完成得不错，公司内外都比较满意。

今天王经理的直接上级张经理请他到办公室聊聊，会谈中张经理问了一句："你部门的小李最近工作完成得不错，你觉得他这个人怎么样？"王经理回答说："小李这个人能力还是可以的，但是也有些不足，比如爱冲动，经常和同事争执；考虑问题不全面，比较主观……"听完了王经理的一大段话，张经理也没说什么，两个人又聊了几句别的就结束了。

很明显，王经理在谈论小李的时候还是带有自己的主观情绪的。也许王经理自己并没有意识到，但他的态度已经明确传达给张经理了。

我们可以来分析：

1.为什么张经理会问小李的情况？

2.如果王经理对小李是褒扬的表达，张经理会怎么想？如果是负面的评价，张经理又会怎么想？

3.若小李听说这件事，他会怎么想？

首先，张经理问小李的情况，一定是小李引起了张经理的注意，可能是好的方面，也可能相反，但从这个事情来看应该是前者。

其次，若王经理也是赞扬小李，张经理心里会想：看来我的感觉还是对的，小李的主管领导证实了我的判断。若王经理持反对意见，张经理多数会想：看来我的感觉跟王经理的不一致。如果王经理是对的，那么就说明是我看人不准。但是没有人会立刻承认自己是错误的，我们可以推断的结果就是张经理再找其他人求证或找小李本人谈话，他内心可能更期待的是找到证明自己是正确的依据。反之若张经理是对的，则证明了王经理对小李的评价失之偏颇。

最后，如果小李知道上级领导对自己的关注，一定是欣喜的，但是如果知道直接上级对自己评价不公正，其结果必然是可想而知的。

部属期望自己的付出能够得到相应的回报——包括物质的和精神的。领导一句中肯的评价能够燃起部属心中的熊熊火焰，但一句不公正的评价也能够把下属的热情打入万丈深渊，所以管理者应严格自律，尽量避免戴“有色眼镜”看问题。

领导要做到相对客观公正地评价下属，可以从以下几个方面入手。

首先，完成任务的状况。领导需要把下属完成任务的结果性指标明确化。比如，对销售队伍的评估，可以采用销售额、市场占有率、利润率、客户满意度等评价标准；对客户服务团队的评估可以采用接到投诉次数、客户回访次数、圆满解决率、投诉客户回头并重复购买率等评价标准。

其次，具体表现。很多情况下，直接界定结果并不容易。有些工作岗位也很难进行指标量化。若某项工作是团队共同努力的结果，也很难区分每个人的贡献和最终的工作结果。此时，就要去评估个体的行为。比如，对销售人员的行为评估可以是：平均每天业务联系电话的数量、拜访次数等；对技术人员的行为评估可以是：技术人员的出差天数、在现场的工作小时数、服务客户数等。

最后，个体特质。针对个体特性进行评价，每个人都是不同的，如“工作态度”“团队合作精神”“忠诚度”等。

这三个标准，既是自外而内的，也是从结果到过程的；既是从短期到长期的，也是从绩效到能力到潜质的。若王经理评价小李可以遵循这个标准，其评价就会更加公正。

案例15（续）

张总，您问我对小李近期工作的看法，我想可以从以下3个方面给您做一个汇报。

一是工作完成状况。自上个月以来我一共交给小李5个独立负责的项目，其中有4项工作是在计划的时间点前完成，一项工作比预计的晚了3天。我们的计划时间都是与责任人本人协商后确认的。从我们部门业绩来看，小李的排名是靠前的，排在第二位。

二是具体表现。这几个项目都是近期的重点工程，项目期间小李一共加班12次，召集并主持会议7次，外出拜访客户11次，近1个月内共迟到6次。

三是个体特质。小李脾气有些暴躁，不太懂得控制情绪。有时候在会上和同事争执得比较激烈，当然这样的性格也有优势，就是冲劲强，执行力较高。

以上3点就是我对小李的一个评价。

公正客观地评价下属对中层管理者塑造客观、宽松的工作环境有直接的影响作用，下属应该自由地表达自己的想法，而不担心被打击和报复，只有实现思想言论自由，才能营造坦诚、开放的团队氛围，进而塑造中层管理者的公信力。

作为上司，你就是下属效仿的榜样和指路人，所以你的言谈举止都会被下属看在眼里。你是他的直接上司，他就会思考一个问题，这个人做我的领导，他有什么值得我信服的地方。所以，下属会关注上司的所有的工作行为，并据此得出自己的判断。

有的经理人很希望能和员工建立信任，于是他选择与下属像朋友那样开诚布公地交流，但下属也会把领导当朋友吗？不！他还是把你当作上司，尤其当他发现你的不足和真实的缺点后，反而会降低对你的信任。但是也不排除有些管理者因为这样的“亲密关系”而提升了对下属的号召力。但是据笔者看来，只有少数人是这种情况，因为管理者大部分还是普通人。

作为上司，领导和下属建立良好人际关系的前提是领导能带领团队达成组织目标。基于此，我们可以排列领导的人际角色的优先级，那就是领导首先是下属的上司，其次才是下属的朋友。那么作为上级，领导该如何扮演好自己的职业角色呢？还有一种情况，被提拔的管理者成了原同事的上司，那么其该如何面对这些曾经的“同事”，并逐渐树立自己的“领导威信”呢？

笔者还是站在专业的角度，为读者列举了以下可供参考借鉴的话述：

- 作为你的上司，我必须是那个站在公司的立场作决策和引领团队的人。
- 我会站在团队领导者的角度维护组织利益，在我们观点不同且沟通无果时，你必须要在行动上与我保持一致。
- 我做判断的依据是优先考虑整个团队的利益：对团队利益有好处的，我就支持；对团队利益有害的，我就反对。当某事件对团队的影响微乎其微，影响可控时，我可以自主处理。

第六节 | 赢得尊敬：专业能力+牺牲精神

一、真的高手：业务过硬会带人

美国斯坦福大学的商学院和犹他学院共同进行了一项名为“上司们的价值”的调查，调查结果显示，能够提高下属工作效率的好上司最重要的特点是“传授下属工作方法和其他技能的能力高”，而非大多数企业和管理者认为的“能够鼓舞下属干劲及拥有团队管理能力”。

根据行为科学的研究结论，上司与下属的理想关系是，上司作为一个好老师指导下属，而下属努力学习老师所教的内容。所以，好的上司并不是通过考核给下属施压或通过赞扬给下属奖励，而是应该告诉下属具体要怎样完成工作任务。只有那些通过自身实践得出经验和教训的管理者，才知道工作的重点与难点在哪里，并针对这些地方给出更具体、更具实践性的指导，只有这样才能教出好下属。而下属在工作中体会到成功的快乐后又会反过来增强其学习的热情。由此我们对管理者提出第一条要求，即要有过硬的业务能力。

笔者当年在某企业做经理人，有一项工作职责就是培养销售新人，我要在短时间内帮助他们掌握业务技能，使其能够独立工作。所以我当时采取的训战策略是，先集中培训一周，进行产品知识的学习和内部实训，然后再让他们到外面去实战，同时我作为导师会逐一跟进他们的情况，跟他们一起见客户，与客户面谈。面谈时采取“我先谈，培训员工先在旁边观看”的形式。面谈结束后我们进行反思总结，再去见客户时，则由培训员工主导进行面谈，我在一旁观看，然后再总结。这样很快就能训练出一批可以上“战场”的“战士”，但是这也是对导师的考验，你要能在员工面前展现出你的能力，这样才能赢得员工对你的尊敬，使其产生跟随你学习的意愿。

案例16

后继者的成功与失败

山西富二代李兆会的名字曾经广为人知，这源于他继承的巨大遗产和与女明星的奢华婚礼。李兆会的父亲李海仓最早只是一名榨油工人，后来凭借过人的胆识和独有的眼光，创立了海鑫钢铁集团。其利用山西的煤炭资源，很快就有了名气。到2002年，海鑫钢铁的销售额就已达3.6亿美元。彼时，李海仓的创业故事开始被媒体广为宣传，他的言论被奉为金句，他的家族也实现了阶层跨越。但这一切，都随着李海仓被刺杀戛然而止。当时尚不满22岁的李兆会不得不从国外中断学业，回国接手海鑫钢铁。因为事发突然，李海仓甚至来不及对儿子交代遗嘱就撒手人寰，一切问题只能靠李兆会自己去解决。虽然是“钢铁大王”的儿子，但李兆会对这个行业却知之甚少且兴味索然。当时，钢铁行业正经历一场“寒冬”。“不懂钢铁”的李兆会选择多元化经营，上任后第二年便开始大力挺进资本市场。经过一番闪转腾挪，再加上遇到史上最大的牛市，李兆会靠着投资赚来的钱，带领海鑫钢铁挺过了“寒冬”。2009年，海鑫钢铁全面复产，扭亏为盈，李氏家族也成功跻身“新财富500富人榜”，位列第30名。但这之后带领海鑫钢铁脱困的李兆会依旧沉迷于资本游戏，对钢铁生意不感兴趣，甚至甩手不管。负责人的缺位使内部管理一片混乱，每个人都在忙着给自己捞金。2014年后，海鑫钢铁的业绩急转直下，被迫全面停产。李兆会也因此深陷债务危机，“富二代成功典范”的光环褪去。2017年，李兆会因涉及2.16亿元资金债务，拒绝履行法院判决，被限制出境。

另一个真实案例是浙江的“点火枪大王”茅理翔。1985年，茅理翔创办慈溪无线电厂。4年后，他参加广交会赢得数百万美元大单，从此走上了“世界点火枪大王”之路。但该项产品的价格和技术门槛太低，各种仿制品随后层出不穷，利润空间越来越小。后来茅理翔大学毕业的儿子茅忠群提出做厨具，得到父亲的支持，创立方太集团，于是两个不同时代的人，以一种互补的方式，默契地配合着。茅理翔事必躬亲，时刻都在工作，恨不得把1秒钟掰成两半用。茅忠群则接受过高等教育，很早就主张加大人才引进和培养力度，并且重视选方向、定战略。终于，方太集团借助香港烹饪节目主持人方太的一则广告，一炮而红。日渐红火的生意让茅理翔对儿子更加信任，大胆放手地让他去闯。茅忠群也不负众望，大力改革人事制度，广纳贤才，加强培训，提高员工素质。他还提出“淡化家族制”，引进大批非家族内部的职业经理人来经营企业的想法。茅忠群跟父亲“约法三章”：第一，新企业从小镇搬到开发区；第二，老员工不要，亲戚不能进入；第三，关于方向性的决策，由他说了算。而父亲茅理翔则告诉儿子，自己会“带三年、帮三年、看三年”。当然，实际的接班进程比这快得多。如今的方太，在少帅茅忠群的带领下，已成为中国厨电行业的领导品牌。而茅理翔早在2002年以后就已退出管理层。

二、赢得尊敬的根本是人品

管理者要树立自己的威信，除有能拿得出手的成就外，还要靠自己的软实力——人品。换句话说就是你的一言一行是否能被下属所认可。这就需要管理者做事果敢、有原则、有勇气。

案例17

有一次笔者与一群学员喝茶时，有人问："孙老师，我同意您说的不要抱怨上级和接受上级多数是'中人（不要期待上级是完美的）'的观点，那您能否给我们解释一下，既然我们是企业的中层干部，那么我们到底是为谁服务的，是为上级服务还是为员工服务？"笔者说："这是个好问题，值得探讨，因为这个答案关系着你在职场的角色定位和行事准则……"

现实中，这个问题可以分为两个层面："应该是"和"事实是"。比如，官员"应该是"以百姓的福祉为己任，可"事实是"即使他得到了百姓爱戴，但没有得到上司的认同，他的个人成长与职业发展的机会仍然是渺茫的。相当多的"真实"情况是，相关人员即便没有得到百姓的认可而只是被上级领导赏识，仍然有大把的机会实现个人的目标。所以，"应该是"在认知层面，而"事实是"却在行为层面。真正发挥影响作用的恰恰是后者！

这跟我们日常认知中的"显规则"和"潜规则"很类似。如果"应该是"与"事实是"统一起来，就是名副其实。但如果"应该是"与"事实是"不统一，就是名不副实了。在企业运行中，很多公司都说员工的学习与发展是第一位的，即"应该是"；可"事实是"企业的业务一旦下滑，首先砍掉的就是对员工的培训投资。

管理沟通中最常见的情形就是，当一个人在讨论"应该是"层面的问题时，另一个人却从“事实是”的角度批驳他，这样怎么能辩得清？本质上，人们所取得的每一点进步，都起源于“应该是”，且伴随着对“事实是”的尊重。

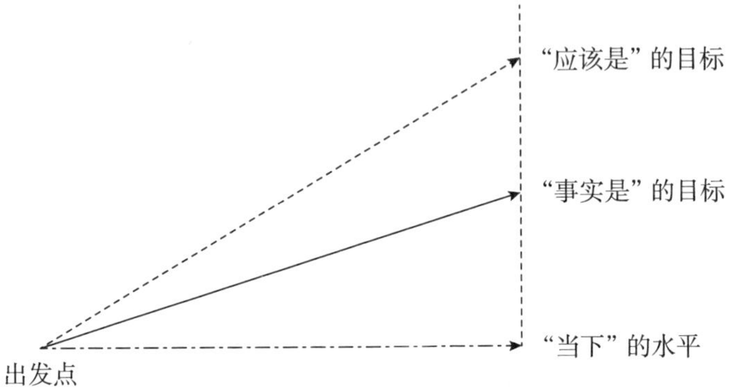

图1-3 “应该是”与“事实是”

现在，回到最开始的问题：管理者是为谁服务？毋庸置疑的——管理者“应该”为企业服务，无论高层、中层还是基层，都是为企业服务的。那企业是为谁服务的呢？企业是为社会服务的，也就是说，衡量企业办得好不好主要看其社会价值。

可是，管理者“事实是”为谁服务呢？这一点很难一言以蔽之。如果你把“应该是”混淆进来，说干部事实上也是为企业、社会服务的，那么如何检测你服务的质量呢？因为企业本来就是一个抽象的概念，它自己是不会说话和表态的；社会价值也是个抽象的概念，也是不会说话和表态的。至于某些强势力量冒用社会和公众的名义、打着崇高而空洞的旗号来彰显其正义性和合法性不过是为了实现其背后的目的罢了。

笔者认为，管理者事实上是为上级服务的。也许很多人都会觉得这个回答不恰当，比如部分基层人员会提出异议说：当了干部就只知道拍领导马屁了，喜欢抱领导大腿了等。并且持“应该是”一派的人可能也不完全认同这个回答，他们认为管理者是一心为公的。

在笔者看来，大家对这些观点的差异也不必过于在意，因为我们在讨论具体管理问题的时候，应该在意的是理性和逻辑，而不是立场和观点。

管理者为上级服务、对上级负责，是因为管理者是上级任命的。如果管理者是由民主选举的，那么就必须为群众服务，对群众负责。

理论上讲，工会是可以代表“民意”的，因为工会成员是由基层员工选举产生的，理应直接服务于员工，维护员工权益。至于很多人对“管理者服务于上司”观点表示反感，是因为他们一开始对上司的假设就是负面的。这来自现实生活中人们见到过的一些为非作歹、作恶多端的上司的影响，从而导致员工在潜意识上对那些身居高位的人不够信任，并且这种不信任并不是没理由的。但这样的假设并不妥当，上司与下属之间的从属关系才是本质。

管理秩序的前提是下级服从上级，而不是上司值得服从。也就是说，对上司是否值得服从这个问题的考量，应该放在你接受任命之前，而不是上岗之后。如果你在上岗以后才发现你的上司不值得你服从，那么你完全可以放弃你的职位，甚至离开这家企业。关于这一点，军队里面做得就比较好，在战时如果指挥者牺牲或者失联，就会由当时团队中军衔最高者接任指挥权，此时下属必须无条件服从。

综上所述，管理者在“应该是”层面确定理念方针，在“事实是”层面落实行为，就可以在纷繁复杂的现实问题中作出果敢的决策并且采取有原则的行动。

在职场中，上级赢得下属尊敬，还有一个重要的判断依据，就是面对困难的挑战精神——说到底，就是在面对困难时敢于迎头而上。

案例18

鞭打快牛

一位农夫买了一头水牛和一头黄牛回家，计划两头牛轮换使用，既方便自家耕种，又能帮别人犁耙赚点钱。某天，邻居请他帮忙犁几亩田。农夫就拉着两头牛到田间，他先给黄牛套上犁枷，但黄牛任凭他怎么吆喝就是不走，打一鞭才走半步，折腾半天也没犁得几亩田，无奈之下，他换上水牛。水牛倒是很自觉，不用怎么吆喝就主动拉着犁往前走，农夫也觉得很轻松，但他还是不断地鞭打水牛。水牛很是不解，就停下来问："主人，我已经尽心尽力地帮你拉犁了，你怎么还老是打我？"农夫说："黄牛不拉，只有你拉，不打你让你跑得快些，什么时候才能犁完田？少废话，快走！"说罢又是一鞭。多次挨鞭子的水牛想：自己跑得越快，犁的田越多，被鞭打的机会就越多，而黄牛却在旁边悠哉游哉地吃草，真不公平。发现不对劲的它挣脱犁枷跑了。

现实生活中这样"鞭打快牛"的例子有很多，在企业中也是屡见不鲜。很多业务骨干往往越能干，承担的任务就越多，指标层层加码，去年超额完成，今年继续提高指标，结果经常是由于任务难度过高，工作量过多，让"快牛"不堪重负，没有喘息的机会。而相反，那些能力差的"慢牛"任务相对较少，工作轻松，干得不多、干得不好也不会遭受惩罚。而很多这样的企业往往存在着重罚不重奖的情况，错的多罚的多，"快牛"干得多，犯错概率就大，多做多错，少做少错，能干的反而不如少干甚至吃闲饭的收入多。时间长了连“慢牛”都开始耻笑“快牛”了，笑“快牛”憨，笑“快牛”不开窍，埋怨“快牛”的努力是“爱表现”，甚至“慢牛”们会联合起来排斥“快牛”，更有“经验丰富”的“慢牛”语重心长地开导“快牛”学会“明哲保身”、不做“出头鸟”的职场哲学……此类事情在职场中每天都在发生着，管理者概莫能外。

看完这个故事，很多人就会感慨一声，说事实的确如此啊。甚至，有的人还会故作深沉地搬弄“出头的椽子先烂”的典故。对于这样的观点和思想，笔者的立场是坚决反对的。

作为企业的管理者，职场人群的中坚，我们千万不能被所谓的“社会规则”遮蔽了眼睛，那些看上去好像有道理的做法只能算是圆滑，如果不加辨别地吸收则是不成熟的表现。

管理者正确的做法是，当组织面对困难和障碍时，要冲锋在前（尤其是年轻的管理者），勇挑重担。理由可总结为以下几点：

其一，管理职位使然。一般情况下，普通员工对管理干部的要求比较高，甚至还有些挑剔，每个管理者都应该有这个心理准备。因为在群众眼中，“吃苦在前”是管理者的一个重要特质。有时候员工对领导者的一举一动表现得并不宽容，其中很重要的一点就是管理者的工资比普通员工要多，另一个隐性的优势就是你是组织的代言人，这两项资源的获取就是对你高标准要求的依据。在这个基础之上，你就天然具备优越感。所以，由管理者而不是普通员工带头承担艰难的工作是有道理的。

其二，年轻的管理者资历浅些，还不具备与高层领导“讨价还价”的资格。而年龄偏大的人往往家里上有老下有小，生活压力大，身体状态可能也不太理想，所以由年轻干部去挑战困难而不是由老干部去也是合理的。

其三，能力。如果组织派某个能干的人去承担压力，很可能是给他一次锻炼的机会，或者是“立功”的机会。有时，去艰苦的地方锻炼一段时间是在为升职创造条件，尤其是在几个候选人能力旗鼓相当的时候。

基于以上分析，管理者在组织上面临困难和压力时，冲锋在前对组织和对自己而言都是职责之内的事情，更是一件好事，因为这能够丰富自身的经验并且可以争取更多的实践机会。

不可否认的是，趋利避害是人的本性。管理者需要做的是调整好自己的心态。在我们国家，群众对领导干部的要求历来是注重“见利思义”和“勤奋节俭”的，这样的期许已经深深根植于民族文化之中，是无法更改的。所以，领导者必须把这两项美德作为对自己的一个道德要求，如果管理者没有这样的自信，就说明还不足以成为一名合格的管理者。

业界说我伟大，其实我知道自己名不符实。人要感知自己的渺小行为才开始伟大，我的知识底蕴不够，但我容得了优秀员工与我一起工作。他们出类拔萃，夹着我前进，我没有退路，不得不被绑着架着往前走。这些年来进步最大的是我，从一个土民被精英们抬成了一个体面的小老头。

——任正非

The Leadership Challenge of Lion's Share

第二章　高效管理沟通

在沟通时，重要的不是你说了什么，而是对方理解了什么，有效果比有道理更重要。过高地要求他人，过高地估计自己，都是沟通交流的主要障碍。有的人对于人际高手抱有偏见，觉得其华而不实，对自以为是的“一身正气”颇为自得，殊不知恰恰是这种固执限制了其发展。说到底，这种自诩的“正人君子”低估了人际高手的智慧，他们通过贬低关系价值的理念来掩饰自己思想的僵化和愚蠢。

第二章　高效管理沟通

一、沟通是管理的基础		
1. 沟通的本质是自我管理	沟通互动可以分为3个层次	喜欢、信任、信赖
	内涵决定沟通的质量	好感=外形+修养
	沟通中产生信赖的标准	友直、友谅、友多闻
2.管理沟通的三原则	动机正确	换位思考就是同理心
	方法正确	好方法可以事半功倍
	从自我改善开始	职场沟通以“成人模式”为主
3.如何指导和帮助员工	友善谦和	健全的人际关系、谦恭、幽默
	尊重	避免让员工感觉被伤害
	和谐	在整体的工作目标下激发责任感
	行动	言出必行
	沉默	是一种态度，也是一种姿态
	距离	亲密和威严往往不可兼得
4.沟通形式可以多变	把握对方的想法和期望	形式服务于目的
5.沟通障碍是如何形成的	权力安全需要	给予支持
	能力安全需要	给予肯定
	地位安全需要	可视化依据
二、管理沟通中的专业化思维		
1.视野和格局决定人际关系中的地位	管理和领导从来都不是分离的	管理靠约束，领导靠影响
	思维的局限性	真正的高手全面审视问题
	成功也有惯性	影响力是沟通的关键
2.专业化思维	追随者的产生	建立信服感和认同感
	权威的建立	业务能力和道德品质
	领导力发挥	专业的思维模式
3.善于借力	关注对方的情感	避免造成感情伤害
	关注策略	避免造成对立

4.将问题简单化	避免过多的选择	多选项对于群体决策是干扰
	决断力	群体行动最关键的是方向明确
三、管理沟通的核心原则		
1.积极反馈	我怎么样	人们渴望知道其他人对自己的评价
	我干得怎么样	员工希望得到调整意见
2.真诚是获取信任的关键	真诚	行动细节和信任
	言而有信	从高层自己说到做到
	关注细节	观察并记录员工的行为
3.中层应该关注的是流程和制度的改善	超越控制者的角色	避免抱怨和升级矛盾
	解决问题根本性举措	由程序和规则去负责
4.避免成为偏执狂	变革与进步是每个人的事	避免自以为是
	影响他人的方式	避免强制的感受

第一节 ▎沟通是管理的基础

一、沟通的本质是自我管理

沟通是我们每天都要做的事情，就像水和空气一样，但正是因为它的无处不在，人们往往会将其忽略。职场沟通能力对职场人士来说是非常重要的，然而真正能把沟通做好的人却不多。为什么？因为沟通的本质是自我管理（自我改变），而不是改变他人。

沟通可以分成3个境界，如图2-1所示。

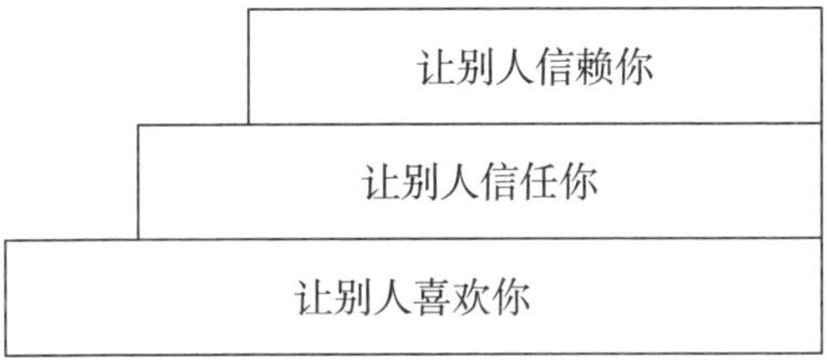

图2-1　沟通的3个境界

沟通不是一个人的事情，而是一个双向互动的过程，每个人都喜欢美好的事物，因此让人愉快的感受非常重要，这个感受包括内在的和外在的两个方面。

优雅的气质、讨人喜欢的外表、礼貌的言行都能给人良好的印象。这个认知一旦树立，沟通的效果就会大幅度提升。

关于良好的形象，笔者还有几句结论需要大家关注：

- 人们把优秀的服装与优秀的人、丰厚的收入、高贵的社会身份、一定的权威、高雅的文化品位等相关联。
- 良好的外在形象会增加你的自信，而不只是外表看起来漂亮。

- 76%的人根据外表判断人，60%的人认为服装反映一个人的社会地位。
- 好服装增加成就感，它让你表现得优雅出众！

接下来就是针对某件事情进行交流，谈话有理有据、尊重事实和条理分明都能让对方感到愉悦，这比第一印象的影响更大，一个人的“内涵”在此时得以显现。“内涵”能够弥补“外形表现”的不足，如果内涵不够会被对方当成“绣花枕头”。内涵的另一个说法就是人格魅力，有的人在接触后，让人想要远离；有的人则让人愿意与之亲近，还有的人则让人越来越信赖。

在沟通中如果能坚持言而有信，做到“言必信，行必果”，一定能够得到他人的信任。言行公正而周全，确保双赢，对方不担心自己的利益受侵害，便会产生信赖感。这与古人的“友直、友谅、友多闻”是一致的。

友直：朋友之间要直率，知无不言，能指出对方的不足，也允许对方指出自己的缺点。

友谅：朋友之间有事情要互相体谅，互相包容，不要因为小事情发生争执。多年的感情不会因为一点小事就抹杀掉，一方有事，另一方也会为之担心。

友多闻：通过朋友了解自己所不了解的人或事，也许对自己没有用处，也许一辈子也用不到对方所了解的东西，但是毕竟扩充了自己的见识，得到了一些原本得不到的资料，何乐而不为呢？

二、管理沟通的三原则

对管理者而言，其工作的核心就是把握好管理的要素，事实上，这里包括业务管理和思想管理。业务管理就是按照科学的工作流程进行强化和练习，让员工把事情做到位；思想管理就是要让员工在愉快的情绪下，以及能激发工作热情的场合中充满激情地追求工作带来的满足感。

一味地重视工作管理会有效果，但难以持久。西方的管理哲学倾向于“管事”和“追求效率”，岗位的独立和职责的划分能够使人的独立性增强，但也会造成人际关系的疏远。工作绩效的压力让人们在工作中互帮互助的热情下降、逐渐热衷于“竞争”而不是“共享”。相比较而言，东方的管理哲学更具发展观和系统性，它是“以人为本”的，追求的是人与环境在精神动力方面的彼此给予和获取，在其乐融融的环境中自由发展。

有鉴于此，企业管理必须是从“人”入手，而且最好是从思想的管理开始。笔者曾经对企业的中层干部多次重申过一个观点：所谓管理，说到底，就是沟通。那么如何才能把这个管理沟通做到位呢？有三个原则：

一是管理者的动机正确，管理者是真的希望员工在某个职位上获得成功。

二是方法须正确，避免强迫压制。

三是从自己开始改变不良的工作习惯。

关于这三个原则，很多管理者，尤其是基层管理者需要给予一定的重视。

案例19

和员工站在一起

李冰在她大学的最后一个学期意外受伤，把胳膊摔断了，需要进行急诊手术，当时她正在当地一家电视台担任午后节目的主持人。但情况紧急，李冰只能先暂缓工作，安心去做手术，结果留下了很多工作没做，学校功课的进度也被耽误了。所以李冰手术后不得不带着一只受伤的胳膊去工作，同时还得努力完成最后一个学期的学业。

有一天，电视台的节目制片人在大厅里碰到了李冰，把她拉到一边说："李冰，你可以考虑一下给大伙写封感谢信，感谢他们帮你顶班。"

李冰一听，心里很别扭："什么？写感谢信？我又不是故意摔断自己的胳膊来逃避工作！"

制片人说道："没错，小李。我知道受伤的事，你也没有办法。但是，你没来上班，确实给你们节目组增加了负担。如果你写封感谢信感谢下大家对你的支持，对团队有利，对你也会更有利。"

对李冰来说，这还真的是一件为难事。她想起来，第一天回来上班的时候，电视台里的很多人都对她表现得不冷不热。当天晚上，李冰按照制片人说的，写了一些真心感谢的话，她设身处地地想了想，同事们临时接替自己的工作，可能会感到措手不及，尽管那并不是她本人主观上的过错。第二天，李冰把手写的感谢信放到了每一个同事的桌子上，事后李冰注意到，同事们对她的态度发生了很大转变，特别是以前看起来很烦她的个别同事，如今待她都变得很友善。

现在，李冰已成为该电视台的栏目总策划人，但她还是会经常想起这件事。当她的团队遇到某些困难，无论是有意发生的还是无意发生的，她都会努力站在员工的角度来思考，并且感谢员工。

从别人的视角来看待问题，也就是同理心，能够站在他人的角度，这也证明你的动机是替别人考虑的。能够做到这一点非常不容易，对于已经处于管理岗位的人来说，更是难能可贵。有句话叫：绝对的权力产生绝对的腐败。事实证明，权力导致我们过度依赖自己的视角，难以从别人的视角来思考问题。为了能够让这些管理者“真正”学会换位思考，笔者提供了以下几个可供参考的方式：

在作决策的时候，要先弄清楚以下问题：

- 如果我就是受这个决策影响的人，将面临怎样的挑战？
- 和自己的团队成员交流，清楚他们过得怎么样，有什么困难，你怎么才能帮到他们？
- 花一天的时间到一线跟员工一起工作（不要说我干过这个工作就完了），或者和他们一起拜访客户，然后把你的体会告诉他们。

选择正确的沟通方式，既能达到预期目标，又能让对方在沟通过程中感到舒适。这是很高级的技巧，某种程度上也是对一个人情商的考验。

案例20

割草的男孩

一个替人割草的男孩出价5美元请他的朋友帮他给一位老太太打电话。电话拨通后，男孩的朋友问道：“您需不需要割草？”

老太太说：“不需要了，我已经有了割草工。”

男孩的朋友又说：“我会帮您拔掉花丛中的杂草。”

老太太回答：“我的割草工已经做了。”

男孩的朋友再说：“我会帮您把草与走道的四周割齐。”

老太太回答："我请的那个割草工也已经做了，他做得很好。谢谢你，我不需要新的割草工。"

男孩的朋友便挂了电话，接着不解地问割草的男孩说："你不是就在老太太那儿割草吗？为什么还要打这个电话？"割草男孩说："我只是想知道老太太对我工作的评价。"

由此可知，良好的沟通方式既能得到自己想要的信息（他人对自己工作的评价），又能提醒对方自己的工作成绩（让老太太知道小男孩做了哪些工作）。

现实生活中，大部分的管理者在培养员工行为习惯的时候，动机往往是正确的，可是在较大的工作压力和激烈的竞争以及有限的指导下，管理者很大可能会倾向于使用简单粗暴的教育手段。也就是说，作为主管领导，为确保员工行为习惯的顺利养成，其采取的教育手段并没有缓解员工的压力，反而增加了他们的压力。这样并不利于员工行为习惯的养成。那些高明的管理者采取的措施，往往不是监督员工的行为，而是指导他们的思想。

还有，在管理当中使用合适的沟通方式也能够调动员工的积极性和工作热情，让员工感到工作很有趣。

案例21

阿里的密文

马云工作节奏很快，人也瘦，但每年体检血压、血脂……各项指标都和飞行员一样标准，这是因为他很重视自己的身体健康。

2009年7月，公司迎来10周年庆，马云想找个地方静下来总结一下10年走过的路，也想想今后的方向，于是就和秘书陈伟去了缙云山。

马云在养生馆静思和调理身体，陈伟住在周边农家，为了不打扰马云，他们有事由馆内工作人员传字条。

在养生馆内，为马云做饭送饭的都是馆内人员，为配合养生，做的饭都比较清淡。有一天吃得不好，马总又不能让对方“护法”看明白，于是传出一张字条：“火石泰叉，代良报够得比夫干来，厂与壹付内。趋丁劳绍灿刀张，美顿嘉米特。”

陈伟看了半天才明白（密文内容：伙食太差，带两包好的牛肉干来，藏在衣服内。去盯牢烧菜道长，每顿加肉）。

还有一次，马云想提前走，于是又传出密文：“特毛宁醉累特仆累嗯徊航鸡店。”（密文内容：明天最晚的飞机回杭几点。）

这件事后来被发到了阿里的内网上，引起了员工们的关注，大部分的年轻员工都觉得很有趣。

《沟通的艺术》一书中指出，所有的人，无论其实际年龄多大，与人互动时大多遵循以下3种模式：

- 父母模式——从“价值评判”出发
- 成人模式——从“逻辑”与“理性”出发
- 儿童模式——从“情绪”出发

事实上，对于职场中和社会上的沟通模式，我们都会在心里默认对方是遵从成人模式的，可是大多数人沟通表现为以上3种模式的综合。有时候，一句话里就包含了这3种沟通模式。譬如，妈妈批评因为贪玩成绩下降的儿子：你每天就知道玩，真不知道我怎么生了你这么个不上进的孩子。爸爸和妈妈每天辛苦工作供你上学，就是希望你能认真学习，将来有好的前途，看看你现在的表现，怎么对得起我们？等以后你走上社会，靠什么生存，没有知识那就相当于是文盲。

作为企业的管理者，在沟通的过程中，我们更多采用的是成人模式，也就是基于理性和逻辑的沟通方式，实际上，批评与自我批评就是这种模式的体现。还记得吗？在众多的影视剧作品和文学作品中，通常都会对一个组织的领导者和管理者提出一种最常见的期望模式，即应避免“意气用事”，而领导人能够走向成功，靠的也是成人模式。

既然我们要谈沟通，就不能绕过一个重要的心理学理论，其就是美国心理学博士卡普曼（Karpman）的三角形理论，这个理论把沟通中人们的心理模式总结为3个重要角色——“迫害者”“拯救者”“受害者”。每一个人都在这3个不同的角色中不停地互换位置。

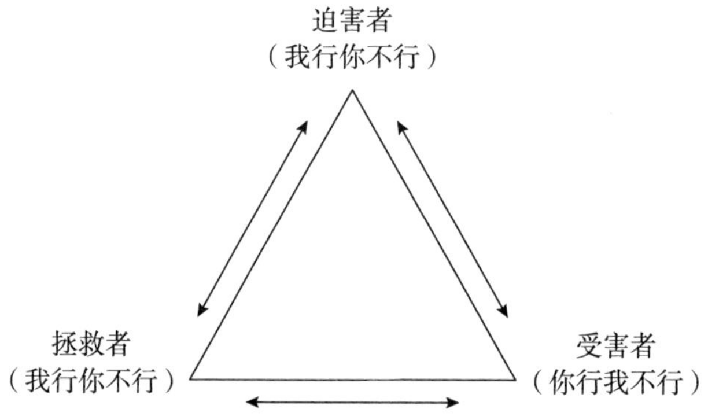

图2-2　卡普曼的戏剧三角形

其实，如果你仔细回想过去你曾读过或看过的童话故事、电影或连续剧，你就会发现几乎所有的故事都有这三个角色。大部分在沟通中产生的问题也是由于人们陷入这3个角色中无法跳出来所导致的，直到你具备了与他人建立亲密关系的能力，问题才会得以解决。

举个例子，小李有一个关系还不错的同事，叫阿冰。阿冰经常会找小李帮忙，有时候借点小钱，有时候让小李帮忙做个文档，还有时候会让小李帮她解决一些专业上的难题等，总之阿冰有什么事情都会第一时间想到小李。最近阿冰麻烦小李的频率越来越高，小李也有点疲于应付，有时候并不是太想帮她，但是好像不答应她，自己又会感到内疚，同时也觉得她好像确实应付不来，很同情她。

小李自己也很累，但也不知道该怎么办。

小李觉得自己在阿冰心中是比较有价值或者有能力的，因为问题是自己帮忙解决的。小李看起来好像在帮她，是个拯救者，但实际上小李在帮别人解决问题时自己也学到了一些东西，而阿冰也会很感激小李。

所以一开始他们都对彼此很满意，当阿冰再有问题，继续找小李，小李依然帮助她，过程和结果也都感觉不错。

慢慢地，次数增加，阿冰一有什么困难的事情就会马上去找小李，她觉得小李一定会帮助她，而小李自己也觉得，前面都是我在帮她，这次怎么可以不帮她呢？但是小李自己也确实有很多事情，于是小李心里就会嘀咕：为什么还让我帮忙啊，我又没有这个义务……

小李一边抱怨，一边还在帮她。后来，心中不满的情绪越来越多，小李就会开始觉得自己是个受害者，并跟其他同事抱怨。

等到有一天，小李不想帮忙了，两人甚至以吵架收场，阿冰也很愤怒，开始抱怨或者攻击小李，这时候好像阿冰变成了迫害者，小李却变成了受害者。

就这样，小李和阿冰在这3个角色里转来转去，直到最后两人关系破裂。

那么，这个事情应该怎么分析呢？最初的几次互动，表面上是小李在帮阿冰，但背后其实是他自己需要，后来委屈自己一再帮忙，想和同事维持好的关系。但实际上在小李第一次开始抱怨的时候，两人的关系就已经破裂了。那小李应该怎么跳出这个游戏呢？

对于拯救者角色，不要把别人看得太低下，更不要认为我必须帮助别人是因为他们不够好，无法帮助自己，每个人都有自己该承担的责任。同时，当他察觉到自己内心开始有不满和怨恨时，就应该主动拒绝。也许这样你会担心影响到你们的关系，但是如果这份关系中充满牺牲、内疚和怨恨，那还不如不要。

对于受害者角色，其潜意识中认为自己没有足够的能力，不够好。所以会经常从拯救者那里寻求帮助，甚至有时候会向迫害者贬低自己。如果他们能早一点意识到这些问题，就能终止游戏。受害者要能察觉拯救者的不便，同时也不要给自己设限，不要贴上“我不行”的标签，尽自己最大的努力去完成自己应该完成的事情，担负起自己该担负的责任。

对于迫害者角色，其潜意识是“我那么努力，你却在拖我后腿”，所以他们经常会贬低他人，甚至希望控制对方，以达到自己的目的。但本质上这是迫害者对自己无能的一种逃避，不能承担起自己的那份责任。

事实上，就是“责任”两个字。

之所以我们会陷入这3个角色的混乱中，就是因为我们没有找到自己的边界，也不清楚别人的边界，从而随便干预。我们更不明白自己内心的需要，不敢承担自己的责任。一份高品质的人际关系需要我们更好地观察自己是否陷入了这个心理游戏中，同时还要遵从自己的内心，明确彼此的界限。

案例22

从泥坑里爬出来的人就是圣人[①]

20多年的奋斗实践，使我们领悟了“自我批判”对一个公司的发展有多么重要。如果我们没有坚持这条原则，华为绝不会有今天。没有自我批判，我们就不会认真听取客户的需求，就不会密切关注并学习同行的优点，就会以自我为中心，其结果必将被快速多变、竞争激烈的市场环境所淘汰；没有自我批判，我们在面对一次次的生存危机时，就不能深刻反省，自我激励，用生命的微光点燃团队的士气，照亮前进的方向；没有自我批判，就会故步自封，不能虚心吸收外来的先进东西，就不能打破游击队、土八路的局限，把自己提升到全球化大公司的管理境界；没有自我批判，我们就不能保持内敛务实的文化作风，就会因为取得的一些成绩而沾沾自喜，忘乎所以，掉入前进道路上遍布的泥坑和陷阱中；没有自我批判，就不能提出组织、流程中的无效成分，建立起一个优质的管理体系，降低运作成本；没有自我批判，各级干部不讲真话，听不进批判意见，不学习不进步，就无法保证做出正确的决策并切实执行。只有长期坚持自我批判的人，才有广阔的胸怀；只有长期坚持自我批判的公司，才有光明的未来。自我批判让我们走到了今天，我们还能向前走多远，取决于我们还能坚持自我批判多久。

---

① 任正非2008年在核心网产品线表彰大会上的讲话节选。

三、如何指导和帮助员工

如何才能有效地指导员工？由沟通入手！那么什么是沟通？沟通的确切含义是“共同拥有”。什么叫作学会沟通？学会沟通就是能选择不同的沟通方式来与对方达成共识。管理者有很多种沟通方式可以选择。最常用的就是口头沟通，比如你定期召开部门会议，向员工传递各方面的信息、知识和建议。还可以在用餐时与员工边吃边聊，那时候大家都会很放松，至少比正式会议时放松。此外是书面沟通，比如学员用电子邮件的方式与笔者交流，我们彼此都能系统地阐述自己的观点。非言语沟通也很重要，如表情、身体动作等。

在企业管理中，沟通并不等于指导和帮助，所谓的指导和帮助是指，你能够帮助员工面对并且能处理他们所面临的问题和困难。指导和帮助与有计划的培训不同，指导和帮助员工的人，总是能根据他们工作开展的情况，对其中可能出现的状况进行预判，同时向他们提供必要的知识、信息、建议和意见。一个优秀的指导者和帮助者总是能鼓励员工完善自己的工作目标，提高他们的工作效率，也总是能够用他们能理解的方式进行指导，同时还能毫无保留地与他们分享自己的工作经验和成长经验，帮助他们找到问题产生的根本原因。

在对员工进行指导和帮助时，管理者必须要清楚自己是在争取对方的配合，达不到这个目的，管理成效也就无从谈起。所以，笔者总结了6个值得注意的问题，提醒管理者注意。

1.友善谦和。一天到晚总是板着脸的人，很难招人喜欢。中层管理者的工作量很大（高层管理者的精神压力偏大），在与员工沟通的时候往往缺乏耐心，如果能让员工感到温暖和被信任，使他们对你形成宽厚、谦和、平易近人的良好印象，你就成功了一半。现在的管理者有相当一部分都受过高等教育，管理风格更多地偏向于平等开放，笔者认为，在这方面可以借鉴著名的企业家洛伊·西逊的经验。洛伊·西逊在职业生涯中一直践行着3个原则：第一，培养健全的人际关系。企业的运转无异于带动人群作业，没有良好的人际关系将无法有效地作业。第二，保持谦逊的品格。"我并不是一味地奉承卑屈，而是适度地谦虚，大家都知道，没有人是全知全能的。必须心存谦恭，随时增长见闻"。第三，如果你能以幽默的素质来调和且达到以上两点，任何事务都将尽在你的掌握中。

2.尊重。尊重作为为人处世的黄金法则，其重要性不言而喻。那怎么证明你尊重别人呢？你自己是无法证明的，而是要让大家感受到从你那里获得了尊重，他人的感受才是最重要的。但很多管理者在工作中充当了伤害者的角色，员工是其指责和批评的对象，这样就会形成员工见到管理者就躲着走，能少说话就少说话，从来不愿意与管理者亲近的现象。

3.和谐。管理者要尽力维护队伍内部的团结，让他们拧成一股绳，始终保持高昂的士气。只要有人的地方，就会有矛盾和冲突，身为团队的领军人物要处理好这个问题。不要在员工中间制造敌对情绪，造成钩心斗角的复杂关系。你要让团队知道企业的整体工作目标，知道自己的工作在整体任务中的重要性，以激发他们的集体责任感。你甚至可以鼓励和要求下属对你直呼其名，或者你们之间一律称"亲爱的"也不是不可以。笔者在某公司开展培训时发现，该企业的一把手名字是"×亮"，他总是很爽朗地让大家称自己为"亮哥"，这么做也并未影响他在团队中的威信。

4.行动。凡能指导他人并受大家欢迎的人，都有许多共同的待人处世方面的优点。其中最显著的一点便是他们在任何时候都能够说到做到，只要表过态了，就会竭尽全力去办。糟糕的管理者有一个特点便是轻率寡信，在听觉和视觉上满足了员工的希望之后，留给员工的只是一个漫长或空白的等待。

5.沉默。适当的沉默会让你得到意想不到的收获。这是部分干部常犯的一个错误：喜欢面面俱到和无微不至。殊不知唠唠叨叨、啰啰唆唆反倒使员工把握不住你说话的要点，过细的叮咛反而会引起他们的反感，他们会认为你对他们没有信心，怀疑他们的工作能力。言简意赅地传达你的工作要求，然后你就可以保持沉默，留一个安静的“空间”，让他们去考虑具体的工作步骤。当他们的想法不够准确完善时，你再适当地给予补充，进行适时的指导，这样会更加有效。在你不得不批评员工时，适当的沉默可以起到“此时无声胜有声”的作用，你的沉默正是对他的一种威慑。当与员工发生争执时，适当的沉默可以当作你的缓兵之计，等对方头脑冷静后，你再作出公正的评价，这样效果会更好。对搬弄是非、喜欢打“小报告”的人，你能用的最好的办法就是保持沉默。你的沉默，必定会让他索然无味地从你身边走开。

6.距离。不要认为你越是平易近人，越和员工打成一片，他们和你就越好沟通。管理者应与下属保持一定的距离，不可太过于亲密。你再民主也需要有一定的威严，否则他们很快就会轻视你的指令，甚至轻视你这个人。不要让他们过多地了解你的隐私，这对你来说是一种潜在的风险。作为管理者，最不如意的事就是不能通过你的指导和帮助来纠正员工的不良行为，一方面想成为员工的好朋友，另一方面又想当好他们的领导，想同时做好这两个角色是非常困难的。

四、沟通形式可以多变

沟通并非只有语言功夫。人们一方面自己在说（受控于自己的想法），根本不懂对方心思的变化；另一方面很少有人知道“不说”也是一种说服。沟通中最重要的是了解对方的想法、期望，并加以引导，直到双方在妥协中达成共识。这就需要人们不断地改变自己的习惯，尝试去理解和倾听。

沟通中最重要的是了解对方的想法和期望，为了达到“目的”，可以采用非常规的沟通形式。

五、沟通障碍是如何形成的

沟通这个话题之所以引人关注，其奥妙就在于里面有很多变数让人难以把握。在绝大多数的沟通中，难以启齿的利益关注会造成沟通中的矛盾和分歧。但很少有人会坦率地说：“我不同意这个方案，因为它不符合我的个人利益。”相反地，他们会说：“这事牵涉面太广，应当慎重考虑。”

还有人激烈反对某事，是因为对方的表述中暗含了对自己的蔑视或发言人过于以自我为中心。人们一般会对使自己价值放大的过程感兴趣，但很少会为成全他人的理想而卖命。人们忍受不了被忽视、蔑视和侮辱，也同样忍受不了对方的妄自尊大。

当人的意愿遭到否定和漠视，相应地也会对此灰心，进而拒绝新的提议、阻挠新的提案。这种情绪容易引发对他人无理由的指责，也容易诱发偏离“事件”的人际斗争，而人际斗争又最容易结成派系。

每个人的心里都有难以动摇的信念，这些东西是不需要讨论的，因为讨论也没有效果，所以当事人的感觉就是“没有共同语言”。

关于回避核心问题的文化惯性，我们可以学习一下西方的表达习惯，他们总是习惯于先讲观点，然后才说依据。

案例23

会沟通的领导

李经理：宋总，这个项目有很多特别之处，经销商和代理商竟然完全不像我们之前开拓新市场那样，他们都有自己的产品和技术团队，在实施过程中总是想要引导客户再采购新设备，而这个设备跟我们的项目无关，甚至有的和我们根本无法兼容……好在我们最终搞定了这个事。

宋总：李经理，这就是我选你做项目经理的原因，你是公司技术部门出身的、做过大型项目、是经历过最艰难项目考验的“将军”，这个“战场”派你去，才能打这样的一个大胜仗啊。当时我在好几个人选中主要推荐的就是你，现在看来，我的选择是完全正确的。

在职场沟通中，管理者要注重员工的精神安全需求，这个安全需求有以下3类：

- 权力安全感
- 能力安全感
- 地位安全感

就专业人士来说，会特别在乎能力安全感，这是因为他们要证明自己的职业价值；而地位安全感主要强调了社会层次，譬如对财富和级别的重视；权力安全感则是管理者普遍渴求的，而这也恰恰是有效激励干部的手段。

在管理沟通中，需要管理者能够关注和区分这3种心理安全感，案例23中的宋总就关注到了李经理的权力安全感和能力安全感，所以沟通效果比较好。

案例24

不擅于沟通的上司

下属：领导，这个项目真的很特别，经销商和代理商竟然完全不像我们之前开拓新市场那样，他们都有自己的产品和技术团队，在实施过程中总是想要引导客户再采购新设备，而这个设备跟我们的项目无关，甚至有的和我们根本无法兼容……好在我们最终搞定了这个事。

领导（无视对方的安全需求）：这个事有难度是众所周知的，我觉得我们这些经理人就应该尊重公司的决定，我们每个人都像是一块砖，哪里需要就往哪里搬。

笔者曾多次亲身体会过，沟通中下属提及一些工作上的事情，谈到的业务大都属于他职责范围内且有能力解决的事项，作为上司，我意识到他是渴望获得我的认可的，即他的精神安全感的诉求，并非真正想要业务上的支持。而忽视对方的安全需求将会导致沟通失败，即一方漠视或者拒绝当事人的安全需求，会导致另一方“奋起反抗”，表现在行为层面通常是夸大目标达成的难度和强调造成的影响。

在沟通中，领导者要关注员工的安全需求，首先要学会倾听。

通过倾听挖掘对方的内心情绪，了解他们的不安。作为上级，若能将员工不经意间提到的“玩笑话”都当真，这样的倾听方才有意义。奥地利心理学家弗洛伊德在《梦的解析》一书里提到，潜意识往往不容易被修饰，那便是人们最真实的表达。

沟通的目的是解决问题，这是一个大家普遍认同的事情。但是很多人却在行动中偏离了这个目标，例如，有相当部分的争论起因是要证明对方的错误，并执着地认为“有理走遍天下”。这里的“理”就是他单方面认为的真理，事实上真理也有偏颇，脱离了其背景就可能成为谬论。

人们对真理的崇拜会导致绝对化，表现在行为上有两种情况：一种是把真理极端化变成了教条。比如，对“对事不对人”的滥用。在复杂的情况下，是不可能把事情和人分开的，那是不理解人性。在大多数情况下，事就是人，人就是事。另一种是由真理走向世故、愤世嫉俗。比如，“人太复杂，没什么理论有用”，进而导致颓废悲观。

前一种极端，容易迷惑年轻人。后一种极端，容易唤起失败受挫者的共鸣。这类状况往往发生于平级同事间，其实，即使对方的观点错误，也不能证明你的观点正确。

第二节 ┃ 管理沟通中的专业化思维

一、视野和格局决定人际关系中的地位

中层的角色比较综合，作为上级，其角色既是领导者也是管理者。管理者与领导者的区别在于：管理者是使用公司赋予的权力来命令、监督下属，用各种政策、制度和指标控制下属的工作绩效；而领导者则是在共同目标下通过自己的言行影响下属，与他们合作，得到他们的配合，融合、建立团队，从服务的角度出发激励下属提高工作效率，唤起他们对尚未满足愿望的强烈追求，去创造，去克服困难。

一个合格的管理者要能够在关键时刻作出准确的判断，唯此才能形成强大的感召力和认同感。很多中层管理者的思维与视野有局限性而不自知。很多企业自身处于发展阶段，有些中层管理者却喜欢和那些已有百年发展历史的跨国公司去比较，效仿已有百年发展历史的跨国公司的方法、理念。这些管理者经常指责自己所在的公司管理不规范、人员素质参差不齐、管理层目光短浅、企业文化观念淡薄等，好像公司没有达到最佳状态就是因为没有采纳他的建议，似乎只要把公司交给他打理，过不了几年就能成功。以上行为均为能力不足的表现（很多半懂不懂的专家，为了自己的利益引导企业学习某些成功企业的模式也属此类），对中国的国情与企业生存环境没有深刻的认识，妄谈什么企业文化与可持续发展，说到底不过是纸上谈兵而已。

事实上，大部分的国内企业都源于企业家个人的成就，而高增

长、攻城略地式的发展恰是智力敏捷的业务型企业家的生存之道。后来，投机与高速发展就成了“生死时速”的危险战车，停不下来了，一停就死。为什么？因为高增长不仅可以掩盖财务问题，也可以掩盖管理脆弱的问题，可一旦放慢速度，积累的问题就会显现。为了维持高速度，只能不断寻找新的经济增长点，美其名曰多元化经营。不断地投机钻营，什么挣钱做什么，比如进入与企业自身发展毫不相关的房地产业，是因为看中了高额的利润回报。一切的努力都是为了使企业的列车开得更快，变得更大，老板自己成了大业务员，如果说企业中有一个人的危机感特强烈，那多数就是他了。

因为他的成功来源于敏捷的思维和对机会的把握，所以他不一定真正认同企业文化的作用，也未必相信其他人的才干，所以他不重视培训与文化建设就很正常。笔者经常听到很多HR和培训负责人抱怨公司管理层不重视培训的言论——想起时需要，讨论时重要，忙起来不要。但其实是他没有明白：对企业而言最重要的是生存！如果你作为企业学习与发展的部门负责人，能够让老板看到你的工作对公司活下去有帮助，或者能为公司带来重大收益，他还会不重视吗？所以说到底，不受重视、没有话语权的原因，不是你所在的部门弱势，而是你这个部门的一把手弱势。

只有站在公司高度上你才有“想企业之所想”的高度，只有站在老总的立场，才能有综观全局的思想，这样你的见解和决策才有机会让老总关注，才有可能拥有更大的话语权。

二、专业化思维

能在黑板上排兵布阵的教练比比皆是。但真正的教练是一个能和球员打成一片，发现他们的天赋，看穿他们的思想，激励他们的人。当下属遇到难题或需要指点时，上级不能给予任何帮助，下属还能对其保持极强的信服感和认同感，这是几乎不可能的。

下属或员工认同的是业务能力与道德品质（其实是人际交往能力，能看到人品本质的机会很少，主要是沟通交流层面）都让自己信服的人。事实上，下属乐于追随的领导的特质与企业选拔贤能的取向是一致的。

我们对业务能力与道德人品（实质是人际交往能力）做一个象限分析。

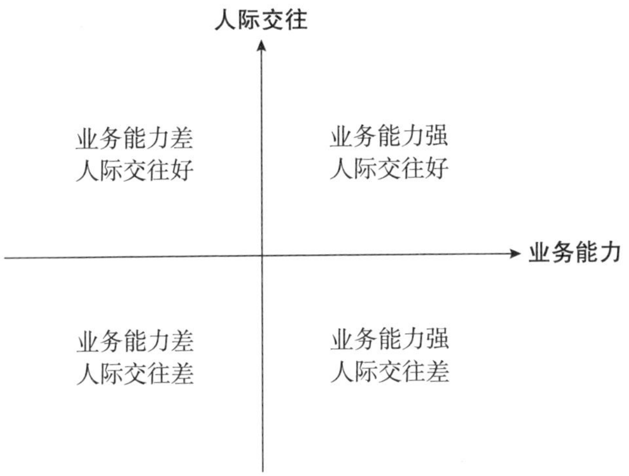

图2-3　关于业务能力与人际交往的象限

第一象限，业务能力强、人际交往好的，自然受到大家的拥戴。

第二象限，业务能力差、人际交往好的，可能被视为“拍马屁”的高手。

第三象限，业务能力差、人际交往差的，不是走后门就是有后台。

第四象限，业务能力强、人际交往差的，被看作不懂人情世故的专家，技术水平高但说话难听。

由此可见，业务能力强是获得员工与部属认可的核心。很多不被下属真正“尊重”的领导需要反思，自己具备了让下属“尊重”的理由吗？

当然，这里并非要求中层干部一定要成为技术专家，专业的思维也能确立领导地位。一定意义上，领导的地位取决于他的思想。任正非也多次表示自己根本不懂技术，但是这并不妨碍他通过合适的经营管理思想来领导华为走向成功。

案例 25

任正非如何领导华为

任正非曾经讲过这样一件事，当时有个客人来华为拜访考察，任正非就带着徐直军一起接待。宾主落座后，谈到华为的IPD（集成产品开发，Integrated Product Development）改革的时候，徐直军突然说，老板懂什么管理，我们的IPD，这个变革他懂吗？他就知道那三个英文字母。

客人听了很吃惊，怎么能这样？敢这样当面说自己老板，太不可思议了。而任正非却很坦然，他说，本来就是这样，那也不是我要做的事情啊。

从此，徐直军敢言的性格为外界所广知。这也从侧面证明了任正非的领导力和华为最高权力的均衡情况。

中层管理者要确立自己的领导地位，关键是要把握原则（专业思维），让观点从原则中产生就是一种“威信”。

案例26

几个员工在议论考勤。但他们几个人可能都不是经常犯错者，也不是受到处罚而愤愤不平者，他们只不过找个话题议论罢了。作为管理者的你恰好遇到了这样一个情景，应该作何反应?

分析：在一定程度上，经理人是企业经营者的代言人，要维护组织利益。理论上要制止这种讨论，但是中国人比较注重人际关系，如果你直接制止，大家很可能当时就解散，但是在背后还会继续议论，甚至会反感你，这就影响了你的群众基础。

推荐做法：经理人可以保持沉默，既不表示赞同，也不反对。因为这件事对公司的影响在可控范围内，经理可以灵活处理。一般情况下，保持沉默是可以采用的做法，但不提倡。

案例27

公司已经过发薪日几天了，但还没有发工资，有人就在下面当着某经理的面议论说："公司还不发工资，我们手里的事先停下来，等公司什么时候发工资什么时候再干吧。"

分析：一定要站出来表示反对。即使大家不高兴，也要表示你自己的态度，因为你是公司的代表。

推荐做法：制止这种言论并要求大家立刻回到工作岗位上，同时告知大家你会去询问相关的情况，但是要求大家必须全力以赴把工作做好。

结合案例我们可以看到，原则代表的利益具有领导力量。权威一旦离开原则只能代表情绪的优越。作为领导者，即使你不是技术专家也可以塑造你的领导者威信，其着力点就是要具备一定的专业思维模式。

三、善于借力

登高而招，臂非加长也，而见者远；顺风而呼，声非加疾也，而闻者彰。假舆马者，非利足也，而致千里；假舟楫者，非能水也，而绝江河。君子生非异也，善假于物也。

——《荀子·劝学篇》

现代译文：登到高处招手，手臂并没有加长，可是别人在远处也看见；顺着风呼叫，声音没有比原来加大，可是听的人听得很清楚。借助车马的人，并不是脚走得快，却可以行千里；借助船只的人，并不是能游水，却可以横渡江河。君子的本性跟一般人没什么不同，（只是君子）善于借助外物罢了。

沟通中有一个难点就是说服他人。很多时候，人们的看法会趋于固化，对一些新观点持怀疑态度也是很正常的现象。假如这时来了一个创新者试图说服大家，但是采用的方法不对，即使他能言善辩，把大家说得哑口无言也没有用。此时能言善辩反而容易招人嫉恨，并且这样一来，即使真理掌握在他的手里，别人在感情上也难以接受。

在职场中，如何向上沟通，一直是职场人关心的话题，而如何说服上司更是备受关注。如果你有一个好想法，仅仅靠这个好想法本身还未必能够说服他人，特别是对那些想法已经有点儿固化的上级来说。你可能会注意到这样一种现象：有的人有了自己的想法后，便匆匆忙忙跑去找老板寻求支持，结果被老板一下子抛出来的3个问题给堵回去了，于是他们就会觉得老板是在和自己作对。其实，遇到这种情况，我们可以有更好的策略——不去和他争吵，也不依靠巧舌如簧，而是拿出不可辩驳的事实，以一种别人能够接受的方式去说服他人。毕竟，任何人都难以无视事实。

曾经主管微软最重要部门的陆奇，是华人在跨国大公司里职位做得最高的人。很多人就升迁问题向他取经，陆奇对此讲过一次他的经历。当时陆奇还在雅虎，要说服杨致远等人接受他对雅虎产品的新设计，当然这意味着推翻雅虎用了多年、杨致远等人参与过的旧系统。如果我们把老的雅虎系统看成地心说，陆奇的新方案就是日心说。可以想象，杨致远会有很多疑问，这些问题回答不好，他就得不到高层支持，而回答这些问题，靠语言争辩是没有用的。陆奇私下里做了很多功课，把杨致远等人可能问的所有问题，都事先让手底下的人做了模拟实验。这样，他便证明了自己的方案相较于过去的方案来说可以给雅虎带来更多的收益。杨致远等人即使对自己做的东西有感情，也是要尊重事实的，毕竟公司的利益比面子重要。最终，杨致远直接将陆奇跳级提升，成为雅虎掌管工程的一把手。

案例28

达尔文的斗犬

当世世代代被告知人是由上帝创造的西方人，突然被告知他们祖祖辈辈的认识都是错的，人是进化而来的时候，那种震撼可想而知，而人们固化的思维很难突然转换。更何况早期的进化论还只是一个漏洞百出的假说，反对者很容易找到各种违反进化论原则的事例。至于保守的宗教人士反对进化论就更不奇怪了，因为这个假说在客观上动摇了基督教的基础。进化论被大家接受的经过，是人们接受新事物的一个典型过程，也是教人如何去影响他人的一个非常好的案例。虽然提出进化论的是达尔文，但是捍卫进化论，并且让这个理论得到全世界关注的却是与达尔文同时代的古生物学家赫胥黎。达尔文自己并不是一个能言善辩的人，也没有给自己的理论做过多的辩护，他甚至因为害怕自己的理论引起争议而迟迟不敢发表它。庆幸的是，他身边出现了一位年轻的学者，在客观上倒逼达尔文不得不发表自己的研究成果。然而，当进化论在社会上引起轩然大波时，达尔文居然没有太为自己的理论做辩护，这个任务就交到了有“达尔文的斗犬”之称的赫胥黎手中。

进化论从一开始就能有一些拥护者，这在很大程度上要感谢赫胥黎。那么赫胥黎又是怎么做的呢？简单地讲，他的做法既聪明，又很有说服力。首先，赫胥黎并不是全面否定宗教，只是反对宗教里落后的思想。要知道直到今天，接受基督教思想的不仅是教会本身，还有几十亿名教徒，因此反对神创论就需要得到大部分教徒的支持而不是完全地否定基督教。

类似的情况在职场中很常见，假定你给公司主管手机移动端产品的副总裁提意见，如果你上来就说整个移动端的产品都需要被淘汰，不仅主管产品的副总裁会马上反对，成千上万的用户也不会答应。但如果你换一种方式，只是说里面的一些功能过时了，需要更新，整个产品并不需要淘汰，那么主管领导即使不赞同，反对的心理也不至于太大，而它的大量现有用户也会从心里赞成你的意见。我们常常讲，凡事要“对事不对人”，就是这个道理。当然，赫胥黎要宣扬进化论，就必须否定掉《圣经》中的部分内容，这是他无法回避的。《圣经》和达尔文《物种起源》一书最有冲突的是第一章《创世记》，于是赫胥黎就拿《创世记》中关于大洪水的说法进行否定。只要证明《创世记》中的这部分内容是错的，那么整个神创论就动摇了。赫胥黎结合自己在美索不达米亚地区的考察，解释对大洪水的描述，不过是古人对于洪水体验的一种夸张和想象——美索不达米亚不存在能够淹没全世界的大河，也没有发生过大河淹没全世界的考古证据。由于赫胥黎分析得环环相扣，社会上的开明人士很容易接受他的观点。对比上面做手机移动端产品的例子，我们要说明这个产品需要升级，只要证明其中一些功能已经过时，用户使用这些功能不方便即可，而没必要将整个产品说得一无是处。

关于说服他人方面，我们常常需要两类同盟军：一类是像赫胥黎那样捍卫我们思想的人；另一类是理性地帮助我们找到证据的人。一个人成功与否，不仅仅取决于他个人的能力，更要依靠他调动资源的能力。我们常常在单位里看不起那些八面玲珑、善于四方周旋的人，觉得自己的业务水平比他们高。但是很多时候，往往是这些人才能说服领导办成事，至少他们找“同盟军”的能力是值得我们学习的。其实那些容易成功的聪明人都有一个同样的特质，就是他们善于借力。

四、将问题简单化

衡量一个专家水平最可靠的方法，就是看他们是将复杂的问题简单化，让每一个人都能理解，还是故作高深，将简单的问题复杂化。

国外有一个经典的果酱实验，实验者向消费者提供试吃机会。实验分为2组：一组有6款果酱可以试吃，另一组有24款果酱可以试吃，吃完全部都可以任意购买，而且是低于市场价格。结果，在有6款果酱的组中，有30%的试吃者选择了购买，而在有24款果酱的组中，只有3%的人最终选择了购买。原因很简单，低决策成本造就了较高的行动数量。

24款果酱看似更加诱人，但其实无形之中给消费者增加了最终的决策成本，选择起来更难，最后干脆放弃了购买。在管理中，这个心理效应同样存在，笔者经常要求学员通过各种问题去思考和理解事物，这样你的管理思想才会产生“真正的效果”。

腾讯公司有一项运功福利，各部门可以出钱组织大家在国内旅游一次。当然，某个部门如果有多数员工愿意自己加点钱进行国外旅游，部门秘书也会安排。秘书们很负责，总是希望让每一位员工都满意。有一年年底，某个部门秘书拿了一个出国旅游的方案来征求主管的意见。秘书出于好心，给大家提供了两个选择，一个是到北海道滑雪，另一个是到普吉岛享受阳光。主管却告诉她只能保留一个目的地，不要给大家选择。

看到秘书一脸迷茫，主管便解释说，理由其实很简单，我们不能把好事办成了坏事。如果只给大家一个选择，比如说去北海道滑雪，大部分深圳的员工从来没有滑过雪，有些人甚至没有见过雪，更不要说去北海道不仅能滑雪，还可以体验正宗的日本料理和温泉。大家年底前这样去玩儿一趟必然很开心，回来后一定会念着公司和部门的好，工作也会更有积极性。但是如果给大家两个选择就要坏事。先说说去北海道的这批人，大部分人不会滑雪，其实也很难真正享受到滑雪的乐趣，第一次滑雪的人在滑雪板上站半天腿就酸了。

北海道那个地方到了冬天，又冷又潮，年底的时候下午4点天就黑了。大家虽然在刚去的头两天比较兴奋，但接下来就会开始抱怨坏天气了，然后就会想象着那些去了普吉岛的同事正舒服地躺在沙滩上晒太阳，心里难免会后悔。反过来，那批去了普吉岛的人也是如此。刚一到热带岛屿，看到漂亮的沙滩，拍几张照片晒晒微博（当时还没有微信）会兴奋一阵，接下来就会觉得无聊了，因为普吉岛那个地方并没有什么人文景观，那群人想着远在日本的同事正在享受着温泉和美食，心里也会后悔。最后，两拨人回来都会觉得不满意。秘书听了主管的话，就给了员工们一个选择，后来，事情过去了很长时间，参加过那次国外旅游的人见到该部门的人还是连连夸赞。

所以，在实际工作中，不是你动机好就有好结果的，尤其是涉及团体多人的情况下。譬如，老同学们想在一起聚一聚，但总是找不到合适的时间。当然，一些考虑周到的组织者会给几个时间供大家挑选。但是你给出再多的时间点，也不太可能找出一个让大家都满意的。因此，给几个选择看似是在照顾他人，其实那并不是一个好方法。可以推测一下：假如同学们想在周末聚会，那么就有周五、周六和周日三个晚上可以选择，让大家填表，每个人需填写第一候选和第二候选。如果所有人都选择周五晚上作为第一候选也就罢了，可要是填得五花八门，就无法协调了。即使一半的人说周六晚上是第一候选，可如果你真选了周六，另一半的人多少也会觉得自己的意见没有被考虑，而那些把周六作为第二选择的人可能也会有些抱怨。这种时候，如果班上有一两个威望较高的同学拍板定了周六晚上为聚会时间，虽然有同学会因为无法参加或者因为要牺牲掉其他事情而心生抱怨，但聚会还是能搞起来的。如果这个班上群龙无首（没有领袖人物作决断），聚会可能就永远停留在微信上了。

那么比较好的方法是什么呢？对于同学聚会这种事情，几个核心同学商量一下，定一个时间，然后通知大家就可以了，不要给每个人选择的自由，因为永远不可能找到一个所有人都方便的时间。如果有的同学真的不能来，那也是因为自己的其他安排与此冲突了，他更多的也只是遗憾，而不是抱怨。

职场中的诸多会议和协商概莫能外，大部分的扯皮和“踢皮球”，源头只有一个——领袖人物的决断力不够。

案例29

快刀斩乱麻

东汉年间，为了联合西域各国共同抗击匈奴的侵扰，朝廷派遣班超作为使节出使西域。

班超一行人首先到达的是鄯善国。鄯善王对班超等人先是嘘寒问暖，礼敬备至，后突然改变态度，变得疏懈冷淡。班超凭着自己的猜测，认为事必有因。于是，班超便把接待他们的鄯善侍者找来，出其不意地问他：“匈奴使者都来了这么多天了，现在还没走吗？”侍者出乎意料，仓促间不知如何回答，只好把情况照实说了。原来是匈奴使者的到来，使得鄯善王改变了对班超等人的态度。

于是，班超便把侍者关押起来，召集部下一起饮酒。酒酣耳热之际，班超激励大家说：“你们和我一起来西域，目的当然是想立下大功，求取富贵。现在匈奴使者到了鄯善，我们就受到了冷待。万一鄯善人把我们抓起来送给匈奴人，那怎么办？”部下们举杯高呼：“愿意听从您的指挥。”班超说道：“不入虎穴，焉得虎子！现在我们只有下决心消灭匈奴，才能完成我们的使命！”当夜，班超就带人冲进匈奴所驻的营垒，趁他们没有防备，以少胜多，把100多个匈奴人全部消灭了。

班超请来了鄯善王，把匈奴使者的首级给他看。鄯善王大惊失色，举国震恐。班超好言抚慰，晓之以理，鄯善王表示愿意归附汉朝，并且同意把王子送到汉朝做人质。班超的举动震动了西域，其他国家也纷纷和汉朝签订同盟，很多小国也表示愿意和汉朝永久友好。班超圆满地完成了他的使命。

1981年，杰克·韦尔奇任GE总裁后提出了一个看法：公司管理行为太多，而领导行为太少。工人们对自己的工作比上级更加清楚，经理们最好不要横加干涉。为此，他开始实行群策群力，进行全员决策。在这个制度下成立的决策委员会，其成员包括白领、经理和工会组织，他经常召开为期3天的研讨会，管理人员负责从公司各个阶层中挑选出40名到100名员工，组成研讨团。整个过程都由员工主导，经理听取每组代表发言，只能做3种选择：当场同意，当场否决，或进一步询问情况。

这项制度为公司的各项政策节约了大量的时间和金钱。原本长达30周的决议，后来缩短到4周。而全员决策的开展，改善了公司中官僚主义的问题，减少了工作中的烦琐程序。这项政策也使GE在经济不景气的情况下取得了巨大的发展。

第三节 ┃ 管理沟通的核心原则

一、积极反馈

中层管理者往往在沟通方面无法顾及细节，因为工作任务的繁重，他们的注意力更多地集中在任务的完成程度上。可是大部分员工在执行任务时非常希望知道上司对自己的表现和工作成果的评价。当这样的期望一次次落空时，员工就会产生意见，其实这个意见就是对现状的不满。意见累积过多就会造成情绪低落，影响工作干劲，消磨团队的积极氛围。最后还会造成员工的不满情绪，直到他们发现更好的工作机会，产生"换个环境或许不一样"的想法，于是员工离职就发生了。

中层管理者经常给员工一些反馈是非常有必要的。笔者带队伍时曾经问过一个员工："我每天都来问你的工作进度，你是不是都烦死了？"但员工的回答却是："领导，我特别愿意你来问我，如果你不来问，你怎么能知道我做了这么多努力！"听到他的回答我很震惊，原来我的看法一直是错误的。从这里我们就能知道领导者错过了多少次让员工开心的机会（我们不是一直说要让员工开心地工作吗？）。

中层管理者需要向员工不断提供反馈信息，这应该是一个日常性的工作，而不是偶尔为之。那么该在什么时候给员工以反馈呢？

笔者列出了以下几种典型状况：

- 做出了额外的工作；
- 做的工作超过了之前所有担任同样职位的员工；

- 将一位极其刻薄的客户变成了公司的宣传员；
- 工作精益求精；
- 大力支持或帮助另一位同事；
- 开发出一个新产品或新方法；
- 想办法另辟蹊径（即使他们的想法没有得到实施）；
- 工作极其出色，在公司内外产生一定影响；
- 做展示时，表现得出类拔萃；
- 代表公司积极参与社区工作。

员工知道了上级对自己的评价，就能够更加明确地知道自己应该如何调整和适应。但如果上级没有任何反馈，员工就会犹如在黑夜中走路，不知道前方有什么危险，也不知道方向是否正确。这样会增大员工工作时的心理压力，职业的焦虑感很大程度上可能就由此而发。

二、真诚是获取信任的关键

很多时候都能听到中层经理人抱怨，说自己为下属做了很多工作，却仍然得不到理解，甚至员工私下里对自己还有抱怨之词。沟通的关键在于信任。很多领导者做出的体恤行为并非发自内心，他们往往认为：体恤员工只是为了换取员工的“工作回报”，这样领导对员工的关切自然就显得“情不真、意不切”。至于员工的“不领情”，也就不足为奇了。

要想取得信任，真诚很重要！你是真诚的，员工自然能够感受得到，还记得“吴起爱兵”的故事吗？

案例30

爱兵如子

有一次，吴起统率魏军进攻中山国，军中有一个青年士兵，身上长了毒疮，痛得他满地打滚。吴起看到后，心急如焚。他听人说，毒疮里的脓血不排出来，病是好不了的。当时的医疗水平比较落后，加上是在出征的途中，各方面条件都很差，要想排出脓血，只能用嘴巴去吮吸。为了解除士兵的痛苦，吴起不顾又脏又臭的毒疮，亲自用嘴巴吮吸，脓血排尽了，士兵也得救了，生病的士兵为此感动得热泪盈眶。

在企业管理中不用为员工吸毒血，但是我们需要让员工感受到我们的真诚。近年来，海底捞依靠良好的服务与独特的企业文化赢得了客户和同行业的良好口碑。海底捞甚至规定一线服务员有权力给客人免单。当海底捞公司老总张勇给某MBA班讲课时，有人问他饭店的服务员会不会利用自己手中的权力给自己的同学朋友免单时，张勇反问了一句："如果我给你这个权力，你会吗？"被问的人都沉默了，是啊，没人希望辜负这份信任。

管理者在员工面前不要轻易许诺，如果承诺就一定要兑现，否则将会造成极坏的影响。

某公司总经理在大会上宣布，从自己做起，全公司都要着工装。但是接下来的一个星期里，管理层的核心人物却没有几个人遵守这个规定，包括总经理自己每天因为忙于业务谈判也未着工装，着装与谈判比起来，其重要性是显而易见的。1个月下来公司多了几

单生意，员工们着装的问题却一直得不到解决，甚至某些中层干部也私下议论说老板最关心的是赚钱，至于企业文化和工作规范都是次要的。

随口说出的承诺可能会降低管理者的公信力，每一次失望都是管理者形象减分的依据，久而久之必然形成群体对组织的不信任，影响组织凝聚力。

对于员工的日常表现，领导要牢记在心，这样当员工需要被表扬或被指正时才能够言之有物。

当我们与员工进行交流的时候，他过去的工作行为被你清晰地描述出来，甚至超过了他本人的记忆，此时员工一定会被你对他的关注而打动，然后就产生进一步交流的愿望。

表2–1就是一个员工行为表现记录表的参考模板。

表2–1　员工行为表现记录

要　项	内　容
时间	2007年4月2日下午
地点	湖南长沙
当时的行为表现	打客户座机，客户不在。想要联系客户的手机，服务台说手机欠费了，服务人员王某用自己的钱为客户充值150元并打通了电话。
造成的影响	客户当时很忙，没时间给手机充值，也是比较着急的，知道小王为其充值非常感动，并且对公司留下了极好的印象。

三、中层应该关注的是流程和制度的改善

在职场中仅仅能够发现问题还不够，因为每个人都能够发现问题，重要的是解决问题。大多数人都想解决问题，但往往都是浅尝辄止或知难而退，这是因为解决方法与实际行动之间是有距离的，多数人擅长批判而不擅长建设。

有人说：员工薪酬待遇太低，我想要改善但我不是老板，那我该怎么办？这其实就是跨越了你的职责范围，这些问题超出了你能够解决的领域，无能为力是很正常的。我们可以做的就是尝试提醒高层管理者，并就实际情况进行汇报，最好结合行业状况、邻近企业的现行政策等，让企业高层参考。实际上，对于现实状况，高层多半都是清楚的，而且他们考虑的一定比其他干部要多，所以在此类问题上，中层管理者能做的就是如实汇报。从改变现状的角度看，中层干部应该把注意力集中在组织规范的完善与更新方面，以尽量避免问题的再次发生。

案例31

按照常规处理

笔者曾经辅导过一家汽车维修企业，遇到过如下状况：一般汽修企业处理汽车划痕的技术方法大多是打蜡，但是某客户要求重新喷漆。前台接待人员受理业务后只在业务单上填写了“划痕处理”，单子流转到维修车间，技术人员按照惯例进行打蜡处理，后来客户取车时提出投诉。

这个案例提示管理者，要及时完善工作制度与工作流程。改进举措：修改业务处理单，在划痕处理的后面增加两个勾选项：喷漆和打蜡。这样就避免了此类问题的再次发生。

关于制度与流程的相关做法，还可以借鉴餐饮企业知名品牌“海底捞”的做法，海底捞有“七个不放过”：

- 不找到问题的根源不放过；

- 不找到问题的责任人不放过；
- 不找到解决办法不放过；
- 改进方法落实不到位不放过；
- 问题责任人和员工没有受到教育不放过；
- 没有找到长期解决办法不放过；
- 没有建立档案不放过。

这基本上就是一个相对完整的、上升到组织程序高度的解决方案，同时也不失为一个非常有价值的借鉴实例。

四、避免成为偏执狂

在大多数的组织中，几乎都能听到坐在高位的管理者表示自己希望下属多提意见，可是这样的倡导大多停留在表态层面。真实的状况是，很多管理者根本听不进下属的意见，他们假装谦虚，可骨子里固执己见，脑子里有不可讨论的信条，不可动摇，并以此作为行动和思考的出发点。

笔者以培训为例，很多企业高层做“培训”的目的，就是希望“听课的人”通过培训能够获得很多成长，但大多数高层没有考虑“自己”该获得什么样的成长。说到底，其本质想法：需要改变的是别人，不是我。其实学习最高效的办法是从上至下，管理层全程参加培训，协助培训效果的落实是最有可能“事半功倍”的。

还有些管理者读到一本好书立刻号召全体员工研读。一些报纸、杂志上也经常有企业领导推荐员工读一本书的报道，说明这样的做法具有普遍性。并不是说这样做不对，而是一本书对甲很好，但对乙可能毫无用处。这是因为每个人的教育背景、工作挑战及所处的情况都不一样。笔者推测该领导的想法可能有三：一是想要通过读书的方式创建学习型的企业文化；二是想要与员工分享好书；三是希望以此来教化员工，指导员工的思想。这里第一点是领导的责任，无可非议。第二点要审慎，领导认定的好书，未必就是员工认为的好书。第三点要求员工读书是一个威权的行为，员工有思想自由（尤其是知识型员工），领导的“教化”、苦心很有可能被他们认为是“幼稚的愚民做法”。

The Leadership Challenge of Lion's Share

第三章　通向职业理想的路径

就过程来讲，成功就是排除障碍和战胜困难的过程，所以对不幸和艰辛的抱怨都是多余的。

就感受来讲，成功只是前进途中回望时的一种欣慰，再回过头来还得继续往前走，成功没有终点。

第三章　通向职业理想的路径

一、认识成功的本质		
1.“成功”是什么	成功只是前进途中回望时的一种欣慰，没有终点。金钱带来的生活满足只是人生的次要部分，坚定的信仰才是强有力的内在激励剂。	
2. 站在巨人的肩膀上能看得更远	企业平台作为一个成熟的商业组织，在市场、人脉和行业积累方面都是经理人成长所需要的营养成分，在平台上工作本身就为自己设置了较高的起点。	
3. 条条大路通罗马	成功不是一种模式	将军打靶
二、规划目标		
1. 规划职业与人生	不满足是进步的主要动力	为大众服务是自我实现的终极表现形式
	选择比努力更重要	选择决定勤奋的价值
	有规划的人生更容易成功	了解自己的性格、特长
		了解自己的优势和兴趣类型
		怎样把发挥自己的优势与工作相结合
		畅想最能发挥自己的优势的工作环境和状态
2. 确定自我职业发展方向	确定发展方向	如果你还不了解自己，那就遵循“干一行，爱一行”的规律
	发现工作的意义	找出工作带来的获得感和价值感
	内在驱动力	自主性
		能力与任务相匹配
		明确有意义的目标

三、走向职业成功		
1. 了解和把握自己	避免瞎忙	跟风和寻求安稳就是最大的失误
	知道自己的长处	专注自己的长处，把自己放到那些能发挥长处的地方
		还有哪些方面需要改善或进一步学习的
		避免任何因恃才傲物造成的偏见和无知
		纠正自己的惯性思维
	知道自己擅长的工作方式	了解自己的工作习惯
		清楚自己的管理风格
2. 把握自己的学习与发展	多数人是被动学习	
	学习环境与个体因素如何匹配	
	判断自己究竟适合“领袖”还是“专家”角色	
四、领导风格的思辨		
1. 领导者的管理风格是追随者总结出来的	无须追求或刻意形成某种领导风格	领导风格是别人的感受形成的
	领导风格的特征是适配性	根据情势而调整
2. 领导风格的分类	指令型	给人较强的支配感
	教练型	引导性强
	支持型	提供帮助
	授权型	信任并较少干预
五、接受自己的上司		
1. 接受上司是“中人”	人都是有个性的	
	人无完人	
2. 弥补上司的不足恰是机会	明白“优点的另一面是缺点”的道理	
	不必追求完美	
	上下级的交流前提条件是包容	

第一节 | 认识“成功”的本质

一、“成功”是什么？

在我们的传统中，好像不太习惯把事情量化，我们更多是在“道”的层面去让人们仰望、“顿悟”，例如“道可道，非常道，名可名，非常名”类的高度概括，其把我们要追求的“道”，也就是事物规律，讲得神秘又高不可攀。就像是那些有大学问的人暗示后人：“你必须要谦卑努力，否则你就不能实现理想！”并以此来彰显“曲高和寡”的可贵。

而大多数渴求智慧的“常人”却往往沉溺于烦冗琐事中，鲜有“尽得真传”者。此类事例比比皆是，例如孔丘弟子三千，却仅有72人可称为“贤”。在武侠故事中，主人公开始总是境遇坎坷，他甚至从未想过，或者不敢去想有朝一日能天下无敌，但他却经历了一系列奇遇，获得了别人梦寐以求的“武学秘籍”，且往往自己也因为某些巧合具备了成为一名“武学奇才”的条件……运气的成分被夸大，成功演变成了少数人的专利。这削弱了那些平常人的信心，也给那些被现实嘲弄和打击过的人提供了逃避的借口。

作为企业的管理者，我们不是拥有家族产业的“富二代”，也非拥有优势资源的“官二代”，摆在我们面前的是通过后天努力争取美好生活的道路。大部分人都相信“吃得苦中苦，方为人上人”的道理。可是那些已经成为“人上人”的，是不是真的认为自己已经“成功”了？还是“看上去很美”？

事实上，多数人对自己要追求的成功的认识并不明确。

大部分人都希望自己不仅是为了温饱而生活，他们更想去创造一种生活，这种生活状态某种程度上就代表了“成功”。同时，不可或缺的还有达到这种状态时的内心体验——大多数人认为成功是就结果来讲的，并把对成功所采取的有效行为作为成功的行为。但是当你把目标扩大为意义，那么每完成一个目标都是对意义的具体实现。同时我们也不会由于实现了一个目标而陷入迷茫，因为我们会有更多的目标，这是来自意义的指引。如此，意义的精神就投放到了过程之中，一个有信仰的人每天都是充实快乐的。

就过程来讲，成功就是排除障碍和战胜困难的过程，所以对不幸和艰辛的抱怨都是多余的。

就感受来讲，成功只是前进途中回望时的一种欣慰，再回过头来还得继续往前走。成功没有终点。

因此，有信仰（这里的“信仰”指的是坚定、执着的追求）的人面对困难、挫折时不会表现出厌烦，取得一些成就后也不会得意忘形。

然而，要想达到这种状态，他人的和自己的经历都告诉我们需要勇气。

也许我们不需要什么勇气就能过上一种很稳定、很舒适的生活。但是大部分人不仅想拥有稳定和舒适的生活，还想过一种更有意义的生活。可以这样描述它：“能对家庭、朋友，甚至公司、社会和整个世界都产生影响。”

想要过这样一种生活需要勇气，想要产生持久的改变也需要勇气。这个勇气就是我们坚定信念的根源。

职场环境中，对于一般人来说，中层群体已经是“成功”或“相对成功”的人，但是我们还是要不断地追求更棒的感觉，那就是与人合作，在这个事情上投入的思考和精力越多，就越能通过和别人一起共事来克服自我中心的意识，也就越能获得精神层面更大的满足。

案例32

凤凰人的追求

凤凰卫视作为一家股份制电视台，其信号覆盖面积达50多个国家或地区，人口超过20亿，其中华语人口占62%以上。正是这样的一个平台吸引了传媒界的众多精英加盟，其中不乏央视的知名主持人。该组织为什么如此具有吸引力？我们可以从其领导者演讲中的一段话一窥端倪：

在凤凰卫视工作是一项殊荣，一种事业，它绝不是一个谋生的工作。我们要当华语电视文化的领跑者；新闻改革的领跑者；中华文化复兴的领跑者。这才是我们生命中真正值得自豪的东西。金钱带来的生活满足只是人生的次要部分，共同的坚定的文化信仰才是强有力的内在激励剂。

我们所倡导的追求卓越，并非仅限于那种“实现一个小目标”的世俗成功，我们说的成功是更广义的概念。或许对于企业中的大部分管理者而言，内心感受的圆满和平和才是更准确的成功定义。

从职场追求的角度来看，一个人成功与否的判别标准是你是否得到了你想要的生活，你所从事的职业带来的生活方式是否符合你的价值观。如果符合，你就会感觉到很快乐，哪怕收入会相对低一些；如果不符合，你会感觉很痛苦，哪怕你拿着看起来很高的收入。

一般而言，年轻人刚开始工作的时候，遇到那些拿高薪的人，难免心生羡慕。可是多年以后，当你再看当时的自己时，可能就会很平和，甚至还会有产生同情的心理，因为那些高收入者虽然有让人羡慕的一面，但他也失去了很多，比如家庭幸福或身体健康……

从客观的角度来看，有得必有失，笔者在此也告诫各位读者，我们没有必要去羡慕别人，你只要按照自己的方式追求属于自己的那份幸福就好。对于个体而言，职业追求的本质其实是内心的圆满平和。

二、站在巨人的肩膀上能看得更远

职场人士如果能够跻身于一个良好的平台，某种程度上是一种“幸运”，因为平台能帮助我们看得更远、站得更高。客观地说，个体从平台获取的价值远大于他所给予的。那些让人羡慕的高管和老总们很喜欢展现出他们优秀的一面，并刻意掩饰自己的不足，这就很容易让经验不足者产生羡慕心理并试图效仿他们。这种行为本来无可厚非，可是作为企业的中层领导，就需要把这个问题看清楚：是职级和组织架构中的位置赋予了某些人光环，他能够比别人看得更远，影响力更大，显露出他个人的才干，在很大程度上都取决于他站在了巨人的肩膀上（拥有企业平台的高度）。

由平台助力成功的有两个代表人物，一个是唐骏，他被称为“中国的打工皇帝”，他职业生涯中的几次华丽转身都让职业经理人艳羡不已；另一个就是李开复，他加盟微软，创立了微软中国研究院（现微软亚洲研究院），后加入Google（谷歌）公司，担任Google（谷歌）全球副总裁兼中国区总裁一职，2009年9月宣布离职并创办创新工场，任董事长兼首席执行官。

这两个人都可以称得上是中国职业经理人学习的典范，但是在这里我们也需要看清楚：这两个人固然优秀，但是他们的光芒更多是来自其身后超级成功的企业。很多经理人都把成功归结为自己的能力使然，但在很大程度上他们的成功是企业的成功。没有微软和谷歌这样的平台，这两个人就不会得到如此广泛的关注，也未必会有如今的号召力。

笔者曾经在浙江某企业进行培训，该企业董事长为笔者讲了该公司总经理的成长历程。他的成长历程非常完美地诠释了平台对一个人的发展所起到的重要作用。

案例33

职场忠诚

孙老师，您看我们魏总的年龄不大吧？我跟您简单说说我们魏总的经历吧。

魏总大学一毕业就进入了我们的公司，当时公司规模小，市场也不成熟，但他是那种兢兢业业埋头苦干型的人，公司经历了几次大的风波，他都很坚定地和公司站在一起，非常难得。

现在我们公司的业务比较成熟了，团队也相对稳定。您看魏总今年才三十出头，但是他现在在杭州已经有两套房子了，也有了自己的车（笔者后来看到是奥迪A4），现在魏总管辖我们杭州公司200多人的团队，在同龄人当中已经是很有成就的了。

我非常赞同您讲课时说的一个观点，对经理人来讲忠诚是最重要的。个人对企业付出忠诚，企业的平台就会成为个人成功的最大推动力。当前公司几个副总都比魏总年龄大，但魏总是总管全局的总经理，是我们名副其实的“少帅”。

作为企业的中层管理者，我们需要明白这个规律，依靠个人的能力取得成功要比借助优质平台取得成功额外付出更多的代价。

企业平台作为一个成熟的商业组织，在市场、人脉和行业经验积累方面都是经理人成长所需要的营养成分，在一个好的平台上工作本身就为自己设置了较高的起点。

2010年8月，网络上疯传一段视频——农民工版的《春天里》，视频的主角是王旭和刘刚。2010年11月6日，央视三套《星光大道》舞台上，歌手组合“旭日阳刚”的演唱征服了荧屏内外的观众，用略带沧桑与悲壮的嗓音演唱的一首《春天里》让很多观众潸然泪下，感动不已，他们也毫无悬念地摘得周冠军。2010年11月13日在上海体育场，《春天里》词曲作者、原唱汪峰和王旭、刘刚合唱《春天里》，赢得了巨大的反响，取得了成功。2011年2月17日，“旭日阳刚”演唱的歌曲《春天里》获得了中央电视台春晚节目的一等奖。

是什么力量让一个昔日只能靠卖锅换来3元买馒头填饱肚子的人，变成了今天以一场演唱会就获得四五万元收入的歌手？“旭日阳刚”的成功之路给了我们什么启示？首先是网络让全国人民一夜之间就知道了歌手组合“旭日阳刚”，这是时代进步（科技）的结果，是环境，也是社会需求造就了他们。因为唱得好是一回事，让全国人民知道你又是一回事。

其次是平台、舞台：上海体育场、浙江卫视、中央电视台春节晚会等让他们有了一个展示自己的大舞台，这些权威的平台更是对实力认可的信任背书。

最后是他们的才华和努力，如果他们本身没有真东西，没有努力也不会有今天的成功。没有真功夫，没有良好的音乐素养，人们最多是对其表示同情，他们的成功也就只是昙花一现。没有不懈地努力也坚持不到今天。

由此可以看到一个人的成功大小就取决于以下3点：一是环境、时代（社会需求），二是平台（载体）、舞台，三是个人能力、学识、努力奋斗。

小成功，靠自己；大成功，还要靠别人，靠团队，更要靠平台。

案例34

平台赋予个人的光环

TCL花重金聘请华为前高管杨某，意图振兴其手机业务。为了不辜负新东家厚望，杨某大刀阔斧砍了多条产品线，还对人事进行了大调整——原班人马被砍了90%，全部换成了杨某的“亲信”。可结果却正好相反——TCL手机业务的业绩不仅没有增长，还出现了大幅下滑，当年营业收入只有33.6亿元，同比下降了28.6%。杨某也因此被TCL扫地出门。

后来，杨某接住魅族伸出的橄榄枝，他故技重演，把从前华为的那一套照搬过来。甚至有位高管因吐槽杨某而被开除……那么结果如何呢？魅族的产品和业绩也一落千丈，之后，杨某终于迫于压力，离开了魅族。

这样的结果让所有人印象深刻。有人甚至调侃说，杨某其实是华为派出来清除竞争对手的。

三、条条大路通罗马

每个人都有自己的目标和梦想，但不是每个人都清楚自己该如何去实现这个梦想。从成功总是属于少数人的结果，我们可以看出，大多数人对于自己的人生还是处于“浅尝辄止”的惯性中。

任正非40岁开始创业，他没有资金、人脉和渠道关系，只有自己在经历了坎坷和磨难后对生活和人性产生的切肤之痛，还有他的人生经验和学习到的知识。他没有外力可以借助，靠自己的专业走技术路线也为时过晚，那么他怎么才能实现自己的“宏伟”目标呢？最后他就选择调动和组织起一群人来，大家集体奋斗，这就需要领导人有强大的组织力，而这也成了华为让对手恐惧，让世界震惊的核心力量。

案例35

将军打靶

一次，一名将军观摩麾下军队的射击训练。当他看到士兵们射击训练的状况后，摇了摇头。这时大家纷纷要求将军为大家做一下示范，将军欣然应允。

第一枪清脆有力，然而报靶士兵却高声喊道：“8环！”整个靶场的空气似乎在瞬间都凝固了一下，只有将军本人不露声色。毕竟将军年事已高，偶尔一靶失常也是可以理解的，于是人们依旧屏息等着下一枪。谁想，后几枪并没有改善，最好的也就是8环，甚至还有几枪几乎都快脱靶了！于是现场的官兵们在惊骇的同时开始躁动不安，在议论纷纷之中各种风凉话也开始出现，甚至可以隐隐听到讥笑声。将军依旧一言不发。

但就在这时，一名眼尖的士兵突然失声叫道：“看哪，将军的靶眼连起来，不正是一个标准的正五角星吗？！”众皆愕然。良久，整个靶场终于爆发出了经久不息的掌声。

到今天，谁也不知道当将军第一枪放出时，脑子里是不是就想用与众不同的方式展示一下枪法，也许第一枪压根就是一次失误。但这一点已不重要。重要的是，将军在后面几枪彻底抛开了打靶就要打10环的通用标准和规则，而最终的结果更精彩！

没有人能够在一生当中完全按设想中的目标行事，也没有人能够完全按照世俗的标准走对每一步，就像没有人能够一辈子每靶都打中10环一样。但重要的是，要时刻坚定信心，不轻意放弃，坚实、认真地走好每一步，在沉稳的心态下不断修正自己的目标，随机应变，最终或许就会收获到一个意外的惊喜。

打靶的案例启示我们，不一定要完全按照通用的模式去实现目标。所谓打靶就是能精确命中自己想要击中的目标，打成五角星这种结果在正规的比赛里肯定是拿不到冠军的，但是，射击这项运动的能力他是具备的。他甚至把这项技能融入了艺术的成分，所以这样的成功就比专业冠军增添了趣味性。正如案例中所说，也许将军第一颗子弹就是失误，如同我们每个人未必都上的是最好的小学、最好的初中和高中，以及最好的大学。也许你在某个环节偏离了“公认的模式”，但可能你却因此走出了一条完全不同的道路。

第二节 ┃ 规划目标

一、规划职业与人生

当企业成长到一定的规模后，就会成为“公器”。企业家的工作已经不仅仅是为了自己，而是要尽社会责任。

作为企业的“中坚”，我们亦不能满足于仅仅做好自己，我们要追求进一步的成功，作出更大的贡献。这与我们平时说的“贪得无厌”这个词的含义不同，但客观事实也可以证明，“不满足”是人类社会和时代的进步动力。个人在解决自身温饱问题后，都会追求更高层次（精神层面）的满足，按照马斯洛需求层次理论的说法就是，要实现自我价值。

绝大部分人的职业生涯都是从懵懂开始的，糊里糊涂地找到了第一份工作，糊里糊涂地跳槽，若干年后回顾过往时很多人都会感慨地说：“如果我当初……很可能……”还有一部分人说：“幸亏当初……”

很明显前者有些遗憾，后者有些庆幸。遗憾者悔恨时光不能重来，庆幸者感激运气的眷顾。那么，我们该怎么做？时代的进步与前人的经验告诫我们不能寄希望于幸运，我们也不愿意抱憾终生。

以笔者的经验来说，在职业发展的路径上，选择比努力更重要。其实就人的一生来讲，失败的人和成功的人其所付出的努力都差不多，甚至我发现很多在职业发展上并不顺利的人也都非常努力，反而那些有所成就的人顺风顺水，仿佛很轻易地就取得了别人眼中的成功。成功的人往往是努力几年就很轻松了，顶多投入在智力上的时间多一些，而失败的人一直很努力，因为一旦他不努力就没有饭吃。

一个人一生当中最大的幸福在于选择对两件事，一是找对单位、找对老板、找对上司；二是找对妻子或丈夫。为什么这么说呢？当太阳升起时我们与上司共事，当太阳西下时我们与自己的爱人相拥。民间也有一句话广泛流传：男怕入错行，女怕嫁错郎。说的就是这个道理。

现在社会上有很多的职业生涯规划和咨询“专家”，他们从书籍和很多名人的励志故事中得到启示，倡导人们去做自己喜欢做的事情。他们的理论是，只要找到喜欢做的事情，就能够持久地投入并做出成绩。但是，这并不容易。

关于职业发展的方向，如果能作前瞻性的规划，将会大大提升我们的奋斗效率，让我们尽早接近自己的目标。当然，能够这么做的前提是我们要充分地认识自己，了解自己的优势和劣势，找到自己愿意全身心投入的事业，或者能让自己享受到工作乐趣的领域。实际上，如果做到这两点，你就已经成功一半了。这很贴合现代社会对幸福的定义——做自己喜欢的事情，而且有意义。那么，我们该如何做具体的职业生涯规划呢？

我们可以按照时间进行一个粗略的职业发展阶段划分，分别是职业探索期、建立期、职业中期、职业晚期、退出期。

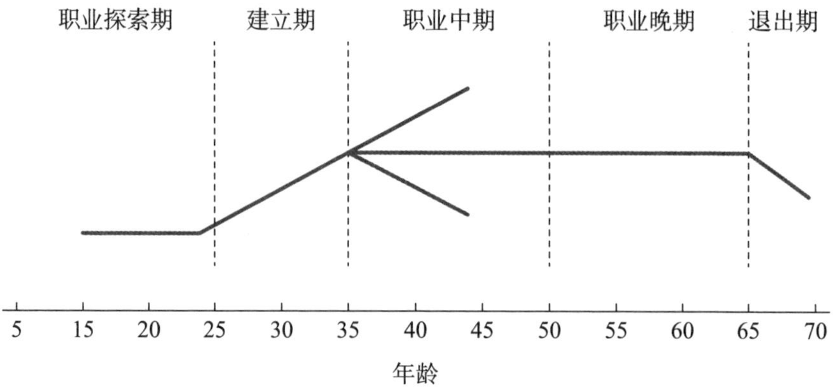

图3-1 职业发展阶段

探索期，一般情况下，刚刚踏入职场能够得到“过来人”悉心指导的人并不多，即使有人为我们“指点江山”，可能我们的内心也是不以为意的。

因为，首先，我不是你，你做不好不意味着我也做不好（初出茅庐的狂妄）。

其次，我还没做你怎么就认为我做不好。所以我们可能对某些金玉良言采取的态度是“不屑”！

30岁（时间点是粗略概括的，不必精准要求，后同）以前都可以称为探索期，很少有人能非常明确地把自己的兴趣爱好与工作结合起来，真正能“做有兴趣的工作”的人是非常少的。原因有二：首先自己未必真的清楚兴趣是什么，其次自己也不知道这个工作是不是真的能与兴趣相结合。所以“试”的阶段不能忽略，这段时间如果多尝试几个工作未尝不是一件好事。

最关键的是工作心态：本阶段的重点是学习和发展的机会，至于收入与待遇应该是次重点。在实践中了解行业特点、企业前景、职业方向与个人兴趣的契合度。

30岁左右到35岁前这一段大概可以称为职业的建立期。这一阶段是一个人的职业生涯储备期即蓄势期，行业阅历与职业经验的日渐丰富都是职场人的加分项。这一阶段相对重要的一个点就是要避免频繁更换工作。因为过于频繁地更换工作不仅会影响职场人脉的养成，还会影响团队配合的默契程度（默契的前提是有足够长的时间积累），同时也会给雇主造成职业"稳定性"方面的顾虑。

35岁左右到40岁前这一段可以称为职业中期。这个阶段的人职业能力突出，经验丰富，思想成熟。一旦被给予好的机会和平台，必然大放异彩。这一阶段的职场人士最需要的就是"留意并抓住机会"，这个年龄段的人一般都会有被重用的可能。机会把握得好，职业曲线必然保持上升态势，反之则可能下降，如有相当比例的人在某个环境中失去耐心并尝试转型，最后导致失败。

笔者这里做的时间段划分并非绝对，只是针对大多数人而言。比如，某些高管职位可能45岁左右才进入"职业中期"，时间点对于不同行业、不同年龄、不同层级的经理人必然不同。

在各个阶段为自己制定规划目标，这样我们的工作和生活才能步入"有轨"时代而不是随波逐流，目标也逐渐清晰。作为职场中的管理者更加需要规划自己的发展，为下属作出"成功"的表率。

人生规划和职业生涯的道理相通，我们在这里看一个在事业上很成功的案例：软银集团的董事长孙正义。日本作家井上笃夫说："20多年来我一直以一个历史记录者的身份在关注他。他所说过的话，尽管枝节部分会有所出入，但根本的部分却是样样都变成了现实。"孙正义能够取得如此成就，和他在年轻的时候就立志成功并规划人生不无关系。他19岁时就制定了“人生50年的规划”，让人讶异的是，现今57岁的孙正义一路走来，都在实践着作为大三学生时规划的路径——20多岁的时候，正式开创事业、扬名立业；30多岁的时候，至少要赚到1000亿日元；40岁的时候，一决胜负，干出一番大事；50多岁的时候，成就大业；60多岁，交棒给下一任管理者。

二、确定自我职业发展方向

案例36

一封学员的来信

孙老师：

您好，给您写这些文字的时候，感觉自己真的很失败。我一个35岁的男人还在为自己的职业生涯而困惑。感慨时间过得太快，现在我都觉得自己一直没有明确的方向。

我性格比较内向，有时比较固执，不愿意跟不喜欢的人说话，这也影响了我的职业之路。我是学软件工程的，毕业后就进入一家软件公司做工程师，领导很喜欢我，2年后我被提升为项目经理。当时我认为把事情做好才是最重要的，所以那时我工作很卖力，但事不遂人愿。由于公司股东意见发生分歧，我换了主管领导，新领导喜欢那些阿谀奉承的人，虽然我技术能力较强，但经常被人算计。交给我的任务往往是那些工期短、任务重的，更糟糕的是我的薪水也降低了。

我不喜欢计较，做了1年多便辞职了。有几个朋友说要一起开个商贸公司，我就加入了。我非常信赖朋友，也没操什么心，他们来规划，我来做事情。就这样3年下来，每个人赔了几万元，公司也倒闭了，我又进入了从零开始的求职阶段。

再次求职，我发现自己再也不能坐上项目经理的位置了，而是一直在助理位置上打转转。年龄大了，又没有高职位，因此我感觉非常困惑。

您的学员：××

案例中，学员的来信为我们呈现了一个很可能作出成就的经理人无奈的现状，究其根本就是没有明确自己的发展方向。

当我们为自己定义的成功不再是虚无缥缈的，甚至规划出了自己退休之前的阶段性目标时，有一项工作就必须要着手准备了——确定自己的发展方向。

作为企业的中层管理者，明确职业发展方向后，更能调动工作热情并建立起“干事业”的信念！

有的书籍和课程经常告诫人们要找到自己的兴趣所在，但实际上这一点并不容易做到。因为很多人究其一生都不知道自己真正的兴趣在哪里，在我看来，干一行，爱一行，才是一个人真正找到工作意义和快乐的不二法门。也许有人会说，干一行爱一行也很难做到。那么我的观点是，既然你没有明确的方向，那么你就认真地投入现在的工作中，把这个工作做到完美，做到极致，便可以得到众人的认可和赞赏，在这个过程中你就能感受到自己的价值，有所收获，同时感受到工作的意义。

案例37

工作的意义

乔布斯觉得苹果电脑的开机速度实在是太慢了，便走到电脑系统的设计师拉里·凯尼恩的办公室，抱怨说："我们电脑的开机速度太慢了！"于是拉里先给乔布斯解释了一通电脑开机慢的原因，还没说完，就被乔布斯打断："如果能救人一命的话，你能不能把咱们电脑的开机速度缩短10秒？"

拉里心里嘀咕："这两者有啥关系？"乔布斯回应说："如果能救人一命，那就是不惜一切代价也要做到！"

于是乔布斯走到一块黑板的面前，声情并茂地对着拉里演算：我们公司的电脑现在大概有500万的用户，每天缩短10秒的开机时间，1年下来，那就是3亿分钟，大概就是100个普通人的寿命之和。我们缩短了10秒的开机时间，就等于挽救了100个生命。

开机时间=人的生命

500万人1年365天开机10秒

=500万×365×10秒

=3亿分钟

=100人的生命

拉里被彻底说服了，并对自己作为一个电脑系统的工程师，每年能救100个人的生命感到十分震惊。于是拉里带着团队拼命地提升技术，过了几个礼拜之后，硬生生地缩短了28秒的开机时间。

在工作场合中最常见的工作状态和内心独白，可以概括如下：

- 一个普通白领，每天努力工作，却看不到未来，想为理想奋斗，却困惑迷茫，缺乏动力。
- 一个公司的老板，为了提升竞争力，激励员工去提高工作效率。但是员工觉得，工作只是谋生的工具，企业的利润跟他们没有关系。

一直以来，我们的生活都是在这种机制下运转的：努力就可以取得好成绩。于是我们学习时就更加用功；老板许诺升职加薪时，我们工作就更加卖力；迟到要扣工资时，我们就准时上班……

然而，效率专家、畅销书作家丹尼尔·平克通过对人类激励行为的研究，发现奖励或者惩罚的作用越来越微弱了。那么，在强调个性和创造性的当下，我们应该如何驱动自己？丹尼尔·平克的答案是——找到内在驱动力。

丹尼尔·平克总结了人们投身于某种事业的3种内在动力：

- 自主性——人们能按照自己的方式自由而灵活地选择工作方式。
- 能力与任务难度适配——人的能力与面临的挑战要匹配，太难容易沮丧，太简单容易觉得无聊，难度适中时既能成长又可以提高内在动力。
- 明确有意义的目标——激发自己做事的动力，赋予工作意义感和使命感。

这3个动力模式就是我们点燃内心热情火焰的导火索。如果每一个人都有这样的感受，就肯定会找到活力十足、激情满满的工作状态。

案例38

草根自述逆袭路

从小我就很叛逆，不爱读书。我姐的成绩在全校一直都数一数二，而我的成绩却是全班倒数。那个时候古惑仔特别流行，我深受影响，一心觉得自己应该当大哥。初中的时候，打架、逃课对我来说是家常便饭，我还离家出走过。最后在高一的时候，我辍学了。当时的我一心想当古惑仔，整天打牌、打架，到处乱混。姨夫觉得我天天在家闲着也不是办法，就让我去他的建筑公司上班，于是我16岁的时候，成为一名建筑工人。虽然都是工人，但我和其他建筑工人不同。别人为了生计而工作，我却只是为了过渡，赚点零用钱而工作。所以，我用第一个月的工资买了一台传呼机（BP机），第二个月的工资用在了打牌上。慢慢地，我发现自己做事情还是很投入的。想做古惑仔，我就很认真地先做一名大哥。做建筑工人，我也同样认真——爬七八层楼高的塔吊、晚上通宵施工，都没有让我觉得苦和累。一次偶然的机会，我看了一部TVB（Television Broadcasts Limited，香港电视广播有限公司）的电视剧《创世纪》，这部电视剧讲述了一个地产大亨的故事。直到现在，我还记得里面的两句经典台词。第一句是主人公叶荣添说的，一定要把不可能变成可能。第二句是男主角他爸告诉他的，万丈高楼平地起，先要把基础打牢。这两句台词，我当时牢牢记在了心里。《创世纪》让我坚定了我的目标。我开始觉得姨夫的公司太小了，我要读书，未来做地产大亨，或者从事金融业。这是我人生的第二个目标，也是我真正意义上的理想。

抱着这种想法，我回到了校园。因为当时是上半年，我只能从初三开始念起。当时，我参加了三次月考，第一次月考平均分为20分，第二次月考平均分为50分，第三次月考平均分为70分。后来，升高中的时候，我进入了一所私立中学，被分在普通班。目标一旦明确，剩下的就是努力了。当时的我，恨不得不吃不睡地学习。我用了一个暑假的时间，把高中三年的英语单词背完，高中三年的数学全部自学完。第一个学期期末考试的时候，我是班上的第一名。当时，我比同龄的学生晚了两届，我必须争取时间，赶上他们。所以我跳了一级，直接去读高二，但对于湖南小县城的高中生来说，应届生考大学比较难，复读生考大学比较容易。高三的时候，我就想直接去读复读班。但是家里人和校长都不同意，他们觉得我没有受过系统的高中学习，去复读班纯属浪费名额。

从8月1日开始，我每天下午都去校长家楼下等他。校长最终同意了。我高兴坏了，马上就把课桌搬到了复读班，但是复读班老师不同意，让我走。我说校长都同意了，直接把课桌搬到了最后一排，硬是要坐在那里。高考成绩出来后，我考了550分，全班第10名，被湖南师范大学录取了。老师和家里人都大吃一惊。填志愿的时候，我报了四个专业：经济、金融、市场营销、企业管理，但都没有录取我。我被调剂到了新闻与传播学院，学编辑出版。当时，我有点郁闷，我觉得我的目标是做房地产、金融，学出版太不符合我的理想。后来一想，我没时间抱怨了，我必须抢时间为将来打好基础。于是，我把大部分的时间都放在学习金融和经济上。我把商学院的教科书全部买回来，每天早上6点就去商学院学习。同学们看我这么勤奋，以为我要考研。其实，我只不过是知道自己想要什么，从而让自己的能量爆发出来罢了。

大学4年，我天天在商学院学习，听各种经济学讲座。那个时候，我特别喜欢研究商业人物、商业传记，并且为之深深着迷。大学毕业后，我一开始不想从事出版行业。但是我的第一位领导教育我："三百六十行，行行出状元。虽然起点不一样，但终点都一样。喜欢不喜欢，其实并不重要。你要克服这种不喜欢的心态，什么工做都要做。工作是一通百通的，做好了现有的工作，也是在为将来做准备。"从此以后，我便释然了。慢慢地，我也从中发现了文化创意行业的魅力和乐趣。为人们提供前行的力量和知识，也是一件很伟大的事情。

这是一个草根逆袭的故事。

第三节 ┃ 走向职业成功

一、了解和把握自己

1.避免瞎忙

有一个真理——绝大多数人的成败与智商几乎没有任何关系，大多数的失败与时间有关。人们最初的时候不知道应该在哪个领域开始自己的职业生涯，几年过去了，稀里糊涂地换了几家公司，回过头来才发现，只是积累了不同行业、不同职能方向、不同领域的经验。而且据笔者观察，越是聪明的人越容易产生这样的问题，因为似乎什么工作都难不倒聪明人，于是他们有机会尝试不同的工作，结果却是“蜻蜓点水”。一段时间以后突然发现，多种多样的工作经验并没有给自己带来沉甸甸的收获，反而造成了自己缺乏专长、缺乏核心竞争力的局面。最关键的就是他们永远都难以结束低薪长跑，白白浪费了上天赋予他们的才智。

还有的人一毕业就进了国有企业或政府机关，没有得到太大的发展，一直非常矛盾，想离开却又不愿失去既得利益，转换成本越来越大，勉强得来一官半职，也是很没意思的。他们始终处在矛盾和纠结当中，一边慨叹自己的满腔热情和才华无处施展，一边又难以放弃舒适悠闲的生活状态，随着年纪增长，孩子出生，激情在无聊的事务中、在平淡的生活琐事里慢慢消磨殆尽。

也有的人盲目地相信考证和考研，希望借助证书增加自己在职场的砝码，有人凭借这种方法成功了，找到了高薪工作。但更多的人却越读越穷，所获得的薪酬远远达不到自己的期望。如果把考证和考研比作投资的话，其应该是收益率不高的投资。笔者曾经面试和调查过不少的研究生和MBA毕业的学生，他们中大多数都觉得，自己没有获得与他们在学习方面的投资相匹配的回报。

我们生活的这个时代到处充满了机会：若一个人有雄心，又不乏智慧，那么不管他从何处起步，都可以沿着自己所选择的道路，登上事业的顶峰。

作为公司的中层管理者，我们需要在公司中开辟自己的天地，要实现这个目的，首先要对自己有深刻的认识——不仅清楚自己的优点和缺点，还要了解自己的工作方式，明白自己的价值观是什么，自己又能在哪些方面作出最大的贡献。只有做自己擅长的并且适合自己的工作，才能真正做到卓尔不群。

2.知道自己的长处

多数人都以为他们知道自己擅长什么。其实不然，更多的情况是，人们更清楚自己不擅长什么——但也有很多人，对这一点也并不清楚。

一个人要有所作为，只能靠发挥自己的长处，不太擅长的工作是很难取得成就的。

如何发现自己的长处？首先用一张白纸，在中间竖着画一条线，在左侧写出自认为的所有优点和擅长的内容，再请熟悉自己的朋友或深度合作过的伙伴把他们认同的某些项写在线的右侧，当然他们也可以补充线的左侧。咨询的人越多，可能线右侧能够“存留”的项目会越少。经历此过程后，那些能够被保存下来的项目就是你的长处了。关于如何对待这个长处，我们可以考虑以下几点：

- 专注于自己的长处，把自己放到能发挥那些长处的地方。
- 明确针对自己的长处，还有哪些方面需要改善或进一步学习的。
- 避免任何因恃才傲物造成的偏见和无知，克服它。有太多的人，尤其是那些术业有专攻的人，往往对其他领域的知识不屑一顾。比如，很多一流的技术工程师遇上与人打交道的事就束手无策，他们还以此为荣——因为他们认为，对条理清晰的工程师头脑来说，人是不可捉摸和复杂的。有趣的是，人力资源方面的专业人员常常以他们连基本的会计知识或数量分析都一无所知而自傲。客观地说，人们要是对这样的无知沾沾自喜的话，那无异于自取灭亡。
- 纠正自己的惯性思维，每个人都有许多缺乏天分的领域，在这些领域内我们甚至连平庸的水平都达不到。所以我们应该尽量避免把精力浪费在那些不能胜任的领域上，因为从无能到平庸要比从一流到卓越付出更多的努力。然而，大多数人，尤其是很多教师和组织，都一门心思地要把能力低下的人变成合格者。从组织效率来讲，他们还不如把精力、资源和时间花在将称职者培养成佼佼者上。作为职场中的个体，我们更应该尽早明白这个道理，做到展我所长。

3.知道自己擅长的工作方式

实际上，很少有人知道自己平时是怎样把事情给做成的。实际上，我们当中的大多数人甚至都不知道不同人有着不同的工作方式和表现方式。许多人不是以他们习惯的方式工作，这样就容易造成无所作为。对于中层管理者来说，我的工作方式是怎样的？可能比“我的长处是什么？”这个问题更加重要。

每个人的工作方式是独一无二的，这是由人的个性决定的。不管个性是先天决定的，还是后天培养的，它都是每个人在进入职场前就形成的。有的人愿意在做事情前先计划，按部就班地开展，有的人则在事情到来的前夕才能集中精力，迅速解决。有的人擅长听取信息后作出反射式的分析，有的人则需要对信息全面进行系统分析，深思熟虑后才给出自己的结论。就像从事自己最拿手的工作容易做出成绩一样，用自己最擅长的工作方式工作也就更容易取得成就。

格力集团的前董事长和总经理分别是朱江洪和董明珠。两人的职业经历完全不同。朱江洪是地道的珠海人，从1992年格力电器正式组建时起，朱江洪便是总经理，后任董事长。换句话说，朱江洪从格力组建起便身居高位。而董明珠则是用10年时间一步步从基层业务员做到格力总裁的，每一级晋升都意味着一场战斗。她曾经是格力的销售冠军，专业能力极强，这样的人也往往更加自信。就是这样风格迥异的搭档，一起成就了格力集团迅猛发展的“奇迹”。

朱江洪极端低调谦和，一见媒体采访就躲到一边，觉得那是件麻烦的苦差事。比起接受采访，他宁可去研发部门一坐半天，或者穿着工服和工人一起在厂房里劳作。他很热心，毫无领导架子，他还会在上班途中对眼看快迟到的格力员工大喊一声“上车吧”。但他绝非那种既无架子也无能力的“好好领导”。可以说，他的远见和执着，尤其是他制定的以研发为核心竞争力的企业战略，成就了今天的格力。朱江洪的这种“慢”，正是其深思熟虑后才做结论的风格写照。

而董明珠却是一个高调强势的“好战派”。她是格力的明星人物。她出过书，也有过以自己为原型的电视连续剧，但她对那部电视剧不满意，觉得女演员没演出她的霸气。她从不否认自己具有超越大部分男性的强大攻击性。“我就是喜欢斗，和谐都是斗争出来的”。在格力历史上几次重大的事件中，她都扮演着“叫板者”的角色，包括与国美叫板，自谋渠道，帮助格力电器收购格力集团，甚至为了争取格力与大金的合资公司的控股权，她亲赴日本，在大金空调社长面前拍桌子。董明珠的这种“快”，也正说明了她善于处理“紧急事件”的工作方式。

在许多格力人眼中，朱江洪是比较容易沟通的领导。负责研发的副总裁黄辉举例说，当关键技术的研发遇到瓶颈时，朱江洪更多是在安慰研发团队，而不是继续施加压力。但他会每天数次坐在黄辉的办公室里，耐心了解研发进程，沟通解决方法。而董明珠的特点是气场强势，要求极严，批评人毫不留情，下属们也难免战战兢兢。

我们很少看到哪个“快”的能够改变成“慢”的类型，无论是主动还是被动的努力，反之亦然。

作为中层管理者，冷静地分析和认识自己的工作类型，并能够知道自己擅长处理何种类型的工作事务是至关重要的。找到你的工作领域中适合你的事务，“又快又好”这样的理想状况也就指日可待了。若能推己及人，则善莫大焉。

二、把握自己的学习与发展

或许很多人回忆起自己在学生时代的学习经历并不是那么愉快，因为那是一种被迫的学习。

走上工作岗位后却发现学校里学到的东西根本就用不上，著名学府也不例外，就像那本《北大毕业等于零》的书中所说的一样。走出象牙塔的学子们踏入社会才发现他们的“学习”才刚刚开始。

很少有人刚加入企业的时候就想着要做主管，做经理的，更多的人是抱着一种先找一个能发工钱（吃饭）的地方，至于后来被提拔多是“意外”，提拔反而是因为恰好那个位置空出来了，领导想让其试一试。

或许大部分中层管理者、基层管理者都有过类似的经历，既然还没有做好准备，学习就必然成为一种迫切的需求了。

中层经理应该学什么？该怎么去学习？回答了这两个问题后，设定自己的学习与发展计划就明确多了。

还记得本书第一章的内容说过的中层经理人的三大命题吗？“我是谁，我要做什么？我要怎么做？”关于“学什么”的问题，每个人为自己定义的“成功”都不一样，职业生涯规划也就是每个阶段学习内容的主题，前文说过就不赘言了。这里可以讨论一下“如何学”的问题。

学习是个非常广阔的范畴，并非按部就班地去读书才能称为学习，学习是无处不在的。在职场中的学习更应该注重“从工作中学习”和“在学习中工作”，笔者与企业管理者讨论时听到过这样的一句话，觉得颇有些道理：“学习不是核心的业务，但业务的核心是学习。”每个人都在不断地学习和成长，在学习过程中有两个方面的影响因素。

1.影响学习的环境因素：有的人在压力下表现出色，有的人比较适应按部就班、可预测的工作环境。有些人在大公司中十分成功，换到小公司中则很不顺利。反过来也是如此。很少有人能够在各种环境下都工作出色。

2.影响学习的个体因素：我能与别人合作得好吗？还是喜欢单枪匹马？如果我有与别人进行合作的能力，就要考虑我能在怎样的关系下与他人共事？

有人作为团队成员工作最出色；有人适合单兵作战；也有人当教练和导师特别有天赋，另一些人却没能力做导师。明确此点的关键是，我如何才能取得成果——是作为领袖还是作为专家？许多人做专家时的表现会很出色，但是他不能够承担决策的负担和压力。与此相反，也有许多人需要专家来迫使他们思考，随后他们才能作出决定，接着迅速、自信和大胆地执行决定。常见的角色转换的场景是：组织中的二号人物被提升到一号职位时常常失败。这也是个原因。

最高职位需要一个领袖，而一个强势的领袖常常把其信赖的人放在二号位置，当他的专家。专家在二号位置上往往是很出色的，但是换到一号位置就不行了。他虽然知道应该作出什么样的决定，但是不能承担决策的责任。

领袖对事态及其结果负有总的与持续的责任，领袖的出路只有成功，没有转嫁责任的机会。而专家不对事态持续负责，专家的责任就是在各个情景中作出最佳的分析和建议，他是领袖的外脑，决策需要领袖自己去做。专家致力于学习、总结以便随时（与时俱进）作出“最佳”建议，领袖则要时时考虑不败与成功之道。

但不管怎样，我们都需要不断学习让自己取得“成果”，这也是我们进行自我提升的本质目的。

第四节 | 领导风格的思辨

一、领导者的管理风格是追随者总结出来的

学员：孙老师，我该如何形成自己的管理风格？我是否有必要让下属明白并且去适应我的习惯？

笔者：以什么样的姿态面对下属，往往不是管理者单方面能决定的。

根据权变理论，若上司的成熟度很高，而面对的管理对象成熟度很低时，上司是可以指挥下属的。比如，管理者已经是工作了几十年的老干部，而对方是一个刚走上工作岗位的年轻人，就可以多些指挥的成分，对方也能够接受。反之，若管理者很年轻，而且只是一个基层管理者，而对方的成熟度比较高，是个有多年经验的老员工，还有可能是某方面的技术专家，就不能指挥、命令他了，只有表示尊重和支持并授权给他。就算管理者是一个严厉的人，也不可以做严厉的事。

华为的任正非创业时已经40多岁了，他要比公司的其他同事大10岁到20岁，所以不必刻意去树立领导权威，他是自带权威的。跟随任正非创业的同事曾经对记者这样说。

在企业学习的过程中，很多管理者经常读书和听培训课程，也经常被教育要有自己的管理风格，无论是强势的还是随和的。但就笔者的观点来看，这样的期望纯属“痴心妄想”。《孙子兵法·虚实篇》中说“兵无常势，水无常形”。领导的风格通常不是领导

者自己想象和设计形成的，而是其追随者根据实际的感受总结出来的。真实的情况是：管理者的领导风格必须随着环境和时机进行调整。

案例39

刘强东的领导特质[①]

我认为，正是刘强东身上的几个特征，使得京东在如此激烈的电商竞争中杀出重围，取得成功。

一、他出身于农村，毕业于中国人民大学，他把农村人的吃苦耐劳精神和大学生对于知识的运用集于一身。

二、对基层生活的深刻了解，使他对在京东发展过程中的几万蓝领员工（配送员），有着深切的关怀并能给予他们优厚的待遇。

三、他的专业是系统工程，这样的知识结构使得京东在发展过程中系统的不断升级和迭代没有障碍。京东的很多系统都是自己研发的，刘强东亲自参与，京东的系统也成为中国最先进和最贴近实际的电商和物流系统。

四、诚恳实在的品格成为他与人交往的利器，不管是对自己的初创团队还是后续经理人团队，抑或投资人团队，他的个人品德都使他赢得了绝大部分人的信任。尽管他有时也有脾气急躁和独断的一面。

五、对于合作伙伴和团队成员非常大方，这样的创始人加上企业战略正确，成功的可能性很大。

---

① 该文章由新东方创始人俞敏洪撰写。

六、刘强东有超前的眼光，有提前布局的能力和魄力，带领京东渡过了一次又一次的难关，最终取得了巨大成功。

七、刘强东身上有领袖的气质，就是即使你不知道他在做什么，也愿意追随他去革命。

二、领导风格的分类

管理学中有个“情境领导”的理论恰好能说明这个问题：日常的管理工作中有两种行为，一种是指挥行为，另一种是支持行为。所谓指挥行为就是指挥下属去做某事，所谓支持行为就是不通过指挥和命令，而是通过建议、反馈、劝告等方法让下属去做事，不是在强迫下属，而是以支持他们工作的行为来管理下属。下面列举出4种管理风格，如图3-2所示。

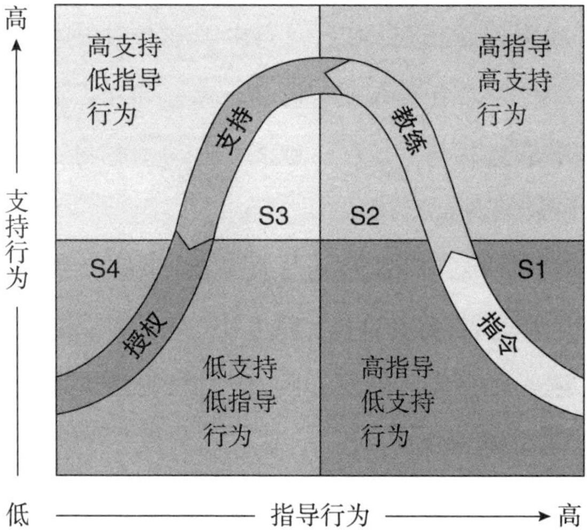

图3-2 4种管理风格

读者可以在阅读中对照一下，看自己属于哪种管理风格。

指令型的管理风格。你习惯于通过给别人下达命令或者指示的方式让他们按照你的指令去办事，最后达到你所指令的工作目标。这种风格的人有较强的支配欲，满脑子装的都是工作。

教练型的管理风格。你同时兼具指挥行为和支持行为，两种行为都比较显著。我认为一个好的管理者，首先应当是个教练。据一项来自企业的研究调查显示，企业员工70%的工作能力实际上是上司在工作当中以教练的方式教给他的。什么是教练？想象一下教练在做什么，一个好的教练，一方面通过支持性行为，另一方面也通过指挥性行为来实施、引导运动员的行为。

支持型的管理风格。对下属的支持性行为很强，很愿意帮助他人，可指挥性的行为却很弱。支持性强的人很容易成为下属工作中的伙伴和生活中的挚友，管理者会保持谦虚的态度，不给他们答案，也不给他们出主意，但是往往会告诉他们需要改进的地方，为了完成目标，允许他们有自己的思路。支持型管理风格的干部会比较受下属欢迎，因为这种风格的管理者总是在下属工作完成后给予他们赞赏和表扬，很少批评他们。这种干部很能体谅人，从不布置超过下属能力所及的工作任务，在下属工作遇到困难时能帮助他们，甚至还帮助他们解决个人问题，即使发现下属的做法有些冒险或者与众不同，仍然会给予他们支持，不一定非要下属按照自己的意思办事，有时下属在工作中变更了计划也能容忍。现代社会的人们受教育程度普遍提高，此种管理风格的管理者所占比例偏多。当然，这类管理者若遇到下属强硬的挑战往往不能迅速有效地采取措施，而是采取拖延策略，在外界看来难免有“软弱”的嫌疑。

授权型的管理风格。这种风格往往不会过多地干预下属工作，只要他们把事做成就行了。此种风格的管理者多不易出成绩，因为下属很容易形成散漫的状态。只有下属具备自发的工作意愿且有能力的时候，才能高效地达成指标。此时还有一个问题必须要考虑，就是下属工作表现的突出程度会影响上下级的关系。

以上4种管理风格本身并没有什么好坏之分，适合的就是好的。比如，刚上任的基层管理者，支持型管理风格比较适合，而如果管理者担任了中高层职务并管着事务性和过程性工作，那就不适合了。

管理者完全不必在意他人对自身管理风格上的意见，因为管理风格不是可以模仿和学习的，而主要是由个人性格决定的，对此我们无须焦虑和改变。当一个人的管理实践发之于心，而不是刻意去证明什么的时候，你的领导风格也就形成了，你的下属也必然就知道如何去适应你的风格了。

第五节 | 接受自己的上司

曾经有一个中层干部向笔者讲述他的困惑：他说自己被任命为部门经理后，内心非常感激领导的赏识，也特别期望这个领导的决断英明、判断准确，可是在一次公司会议上，他发现这个领导一再地放任各部门的人争论不休，甚至有的人在言语中有挑衅的意味，而这位领导却一直一言不发，也不作决策。“我当时感觉有点窝囊！”这个中层干部说。

一、接受上司是“中人”

这个经历，可能是每个走上领导岗位的人都会经历的，只是来的早晚不同。笔者就此情形总结如下几条：

首先，你的上级领导知人善任，说明他具备高层管理者的素质。

其次，管理风格跟每个人的个性有很大关系。案例中上司的管理风格属于民主型，这类管理者的优势就是能在大多数场合让人们发表意见、说“真话”，进而了解大家的真实想法。

再次，领导者迟迟不下决断，可能有他自己的想法。因为如果领导者总是习惯于替大家作决策，可能会造成集体依赖性，倘若领导者又非常有权威，就会导致人们在会议讨论中投其所好，揣摩他的意图，长此以往的结果就是部属彻底失去思考能力。

最后，人无完人，我们不应该对一个人求全责备，每个人都有自己的长处，不能因为他在某几件事情上表现不理想，就降低对他的整体评价。身居高位的管理者多数是一步步走上去的，虽然不一定有太过人的能力，可也不至于真的无能。

二、弥补上司的不足恰是机会

接受上级是个“中人”，但不能原谅自己成为一个平庸的人。作为下属应该庆幸上级是个“中人”，正如当初胡适先生形容美国艾森豪威尔总统，说他“无智，故能使众智，无能，故能使众能，无为，故能使众为”[①]。

中层干部之所以能在各自岗位上各显神通，也许恰恰是因为高层的“无能”！格力电器的董明珠被人称为商场“铁娘子”，实际上，其背后的领导朱江洪是董明珠最有力的支持者，朱江洪的“弱势”成就了董明珠的强势，朱江洪的内敛成就了董明珠的强悍。不可否认这些卓越的管理者能力出众，但他们之所以能有机会脱颖而出，与主管领导对他们的信任和授权是分不开的。

作为平凡人，我们需要学会完整地接纳自己的上司，就如同我们悦纳自己一样。一个人很热情，就可能难以谨慎；一个人善于独立思考，就可能不太善于交际；一个擅长创新的人，可能务实的精神就差些。因此，当你喜欢对方的热情时，就别太介意他的马虎；当你很欣赏对方善钻研时，就不必再期待他的交往能力；当你赞叹他的创新，你就得容忍他不那么实在。那有没有各方面都非常出色的人？笔者认为这样的人即使有，也是凤毛麟角。实际上，在我们的生活中有太多各方面都不太行的人，我们可以称之为庸人。

许多人活得很辛苦，是因为完美主义在作祟，做不到悦纳自

---

① 娄晶等:《中外名人的青少年时代丛书：艾森豪威尔　麦克阿瑟》，山西人民出版社 2012 年版。

己，总要证明自己样样都行，却不愿接受自己在某些方面确实不如别人。其实，特别不行的那一面的反面，恰恰是他优秀的一面，人只要去表现自己优秀的一面，就是在实现自我，就是活出个样子了。记住，要表现自己，而不是向别人证明自己。在谈恋爱时，怎么看都觉得对方很完美，可真正生活在一起，却老觉得对方缺点太多，时间越久越觉得失望。其实这些缺点对方本来就有，只是从前我们没注意到，给忽略了。当时我特别喜欢妻子的那几条，比如她的孩子气，我觉得她好可爱，但同时她不太有主见，家里大大小小的事都不能做主；再比如说我当初十分敬重她的事业心，可婚后她总不在家，就受不了了。其实对方什么也没变，只是我把关注点转移到了她的缺点上。因此，婚姻保鲜的奥妙就在于包容对方，接受对方的一切，而不是要去改变对方和控制对方。对待上司也应该如此，如果喜欢他的大气和宽容，那么你们也得接受他决断迟缓的缺点。

另外还需注意的是，如果我们不能跳出来，站在组织发展的高度上考虑问题，那抱怨只会越来越多，今天抱怨领导，明天抱怨同事，后天抱怨下属。那些总是看到别人缺点的人，其实是在给自己干不好工作找借口。而这只会阻碍我们的进步，丝毫不会成就我们，也不会成就我们的工作。

记住一点：我们不能改变领导，即使是集体抱怨，甚至抗议，也无法动摇他的职位。在当前社会环境下，任命制是普遍存在的。那些没有职位和影响力的，都可归为人微言轻一流，他们几乎无法对上级的任命产生影响。或许产生了影响——他被换到新环境并且具备了强大的决断能力，可同时他也具备了这个优点的反面，如独断专行，听不进意见，不尊重人，等等。

上下级之间的交流，前提条件就是包容，恨和怨都没有意义，相互适应，合作与沟通才能达成共识，解决问题。一个人改变自己尚且都难，更何况改变别人！发现他人，寻找自己，是每一个管理者必修的功课，要每天做。

The Leadership Challenge of Lion's Share

第四章　专业化思维

我们处在一个变化巨大的时代，谁也无法看清楚5年以后的行业和机会。但这又意味着巨大的机会和潜力，这一切的不确定性，都需要我们有优秀的团队来进行管理和面对，也只能靠最优秀的人来应对这种不确定性。

第四章　专业化思维

一、以管理的确定性应对不确定性		
1. 塑造全局观和专业高度	职场成功的2个要素	专业水平
		职业素养
	全局观和专业高度	从理论到实践才是关键
	阿戴尔的领导力模型	任务：具有相关任务的技术知识
		团队：了解团队动态
		个人：彼此链接、激励，实现每个人的成就最大化
	实现领导职能的行动步骤	明确任务
		制订计划
		控制与信息流动
		支持和总结
2. 权力的本质属性	权力被赋予的形式	继承
		选举
		任命
	权力的属性	合法性
		奖赏权
		强制权
		专家权
		典范权
	管理的底层逻辑是人性	领导他人就是要满足人性的需求
二、领导力的内涵		
1. 从有“职位”到有“权力”	权力运用的层次	赋予影响力
		赏罚权
		制裁权
	真正地行使管理权力	布置工作是职务赋予的权力
		让他人不折不扣地执行是人格赋予的
	管理中的政治	代言公司并维护组织利益

1. 从有“职位”到有“权力”	管理中的政治	是自己的形象符合他人的期望
		提升或补充成为团队技能
		寻求权威的加持
		与边缘人保持距离
		支持上级组织
2. 树立威信 = 赢得尊重 + 令人信服	没有尊重，纪律是一句空话	出色的业绩（包括过往的）
		令下属信服的领导才干
	赢得尊重	专业权力，依靠过硬的专业知识技能
		丰富的资历和声望
		有头脑，能分析问题并寻找到解决问题的方法
		有魅力，通过个人特质赢得追随者
	令人信服	基于自信的思想魅力
		责任感带来的坚定
		体会对方内在需求并设法满足
3. 追求卓越的驱动力	驱动力的分类	生物性驱动力
		特定行为带来的奖励或惩罚
		来自成就感和愉悦感的内在动机
	激励模式	传统的“如果——那么”型
		现在的“既然——那么”型
	品质生活、优越和领先他人的感觉	更多的时间
		更多的精力
	坚持培训基层干部	升职会带来一定的压力
		开始的不适应恰恰是在适应管理角色
		某种意义上，上司就是老师和学习资源

第一节 | 以管理的确定性来应对不确定性

一、塑造全局观和专业高度

华为《找人，找最懂本地业务的人，找最优秀的人》这篇文章提道："我们处在一个变化巨大的时代，也处在一个伟大的时代，谁也无法看清楚五年以后的行业和机会。但这又意味着巨大的机会和潜力，这一切的不确定性，都需要我们有优秀的团队来进行管理和面对，也只能靠最优秀的人来管理不确定性。"

"我劝天公重抖擞，不拘一格降人才"，此佳句出自清代著名诗人龚自珍的《己亥杂诗》，该诗道出了人才选用的宽视野。放在当下，能不能慧眼识人、能不能不拘一格选拔人才、能不能把贤才放到最完美的位置，既考验企业领导者的胸襟和格局，也关系企业未来长远的发展。而且这种伯乐和千里马彼此不能相遇的命题自古至今始终存在。

我们不妨思考，千百年来，导致千里马和伯乐不能相遇的本质原因究竟是什么。在笔者看来，传统的"千里马常有而伯乐不常有"的命题需要被改写为"伯乐常有而千里马不常有"。诸葛孔明和刘备作为知音难觅的千古君臣，实在是难得，究其原因主要是孔明这匹千里马的因素。刘备作为创业者，他为了事业成功，求贤若渴是很好理解的，关键是孔明凭借什么赢得了刘备的信赖？首先诸葛亮站在创业者的位置上，做了深刻精准的战略分析——"三国鼎立"，还制定了蜀国的发展规划（据蜀地天险独霸西南以图中原），最关键的是诸葛孔明从未恃宠而骄，始终恪守人臣本分，无丝毫僭越。这才造就了创业者与职业经理人的千古佳话。

我们不妨把诸葛孔明的成功要素归纳为两个方面：专业水平和职业素养。前文我们已经就管理者的职业素养论述过了，在这里不再赘述。我们在这里重点讨论专业水平，诸葛亮能够不出茅庐而天下大事了然于胸，这就是专业能力。如果就停在这里，诸葛亮就是个战略家，他对全局形势、影响因素以及发展动态做了充分的论证，于是征服了刘备，使他坚定地相信这个思路可以实现。但诸葛孔明不仅仅是战略家，他还是实干家，他对每一步的战略规划都进行了执行层面的设定，联吴抗曹、夺取荆州、入主蜀地，可谓算无遗策，也正是因为这样的才干，他才赢得了历代民众的爱戴和推崇。如果把这样的职业经理人的形象与当下职业经理人的形象进行对比，不难发现，绝大部分的管理者在视野和全局观上都有很大的局限性，这就是管理者的不足之处，但他们在具体的目标实现和执行方面还是可以的。

那么我们该如何让这些中层管理者拥有全局观和专业高度呢？在笔者看来，借助领导力理论模型，能够让中层干部更好地把握职业角色的核心内容，在提升绩效和支持高层方面取得显著的成果。

毋庸讳言，领导他人就是少数人相对于多数追随者的工作。除了地位、权威，还要求领导者具备特殊的品质和能力。而这其中最关键的特质，就是把握事物的发展规律、专注本质，前瞻性地制定并实施应对策略。但是我们又不可能把中层干部变成一个研究员，一是时间有限，二是从理论到实践还需要很长的一段路要走。

笔者认为，术业有专攻，应该有一个群体能够承担起这个职责——把先进有效的理论结合企业实践，派生出能够“拿来就用”的方法进行指导，解决这些“高大上”理论“最后一公里”的问题。

关于领导力理论的发展历程，很少有人进行过系统的总结和对比，所以大部分的人都是随机接触某一学说，在认同其理念后便设法实施，而后遇到问题才能真正理解其局限性和不足，但这个认知的成本太过高昂。这个误区甚至连相当一部分的专业人士也无法避免。

较早的有格林利夫的“服务型领导力”，后来有赫西及布兰查德提出的“情境领导力”，再后来又出现了约翰·阿戴尔提出的“任务—团队—个人”模型（其他的还有，笔者只以最有影响和最主流的为例）。笔者所列出的理论模型已经广为人知，而且它们也经受住了时间的检验。较新提出的领导力模型还有柯林斯的“五级领导力”和拜德勒克的“沉静领导力”。

笔者在这里要把这几个领导力模型进行综合提炼，汲取精华摒弃不足，目的就是让学习者不必去计较不同理论的优劣，而是把重点放在真正的目标——改进工作成效上。

笔者以约翰·阿戴尔的领导力模型为立足点，为读者建立起一个完整的中层领导力图谱，让读者能够在今后的行动中真正做到胸有成竹，用管理的确定性应对挑战的不确定性。

在阿戴尔的模型中，领导者的作用是满足任务、团队和个人的需要。领导者位于三者的中心，掌控着这些偶尔相互冲突的利害关系。领导者的角色是确保这些需求是平衡且一致的。我们需要解决的就是，明确任务、团队、个人要素在不同场景下的运作核心与指导理论。

我们先来看图4–1。

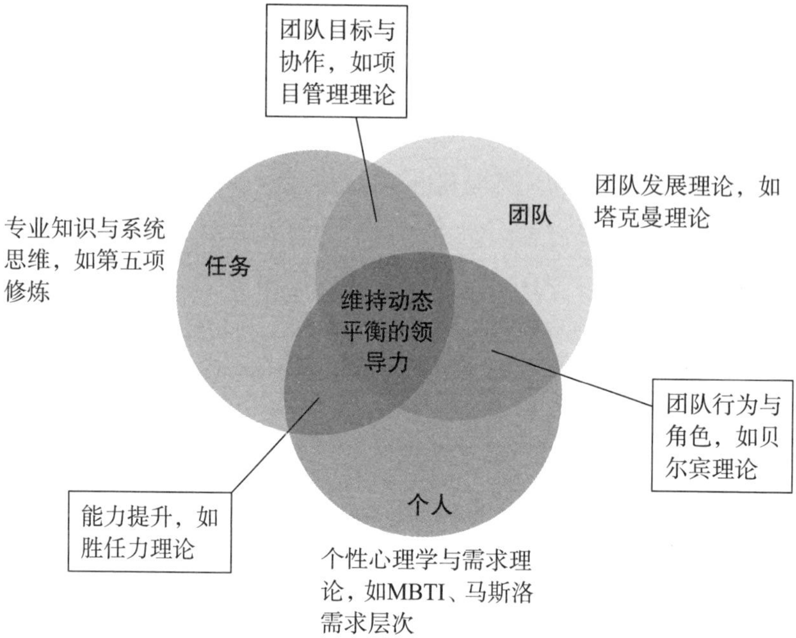

图4-1　阿戴尔领导力新模型

- 任务：具有相关任务的技术知识。这样的技术知识可以是完成手头工作需要的特定专业技术知识（如法律、工程、制造、零售等），以及为发展自身领导能力所需的通用知识，例如有的企业要求总经理必须拥有MBA学位，这对于那些想要得到这个岗位的人而言，它就变成了一个必要条件。
- 团队：了解团队动态，以及如何带领团队实现“1+1≥2”的效应。
- 个人：有能力与不同的人联结，彼此激励，实现每个人的成就最大化。

我们在图中不难发现这样的信息——不同的组织元素在管理场景中运行，彼此的需求和应该依据的策略是不同的。而我们在图表中列出的理论和模型也绝非解决问题的唯一依据，它不过是作为参考依据给实践者一个提醒。但是，我们相信如果经理人理解了这个图并能够应用，就能在领导组织和管理工作中做到有章可循，有法可依。

不得不说的是，理论给出的是面对问题时的目标和原则，其很难细化到具体的行为指导层面，而在解决问题的实践中，需要当事人能根据当时的情况采取适合的行动。解决“该如何做”到采取行动的过渡阶段，就是“老带新”的经验空间，也是众多培训课程有人埋单的根本原因。可以在这里补充的是，未来绝大部分的培训课程市场空间会缩小，因为企业掌握了开发自身案例来沉淀组织经验的方法后，就能够实现“自生长”，未来采购外部课程的趋势必然会是专业化和品质化。

那么“问题处理和解决”的工作该如何展开呢？（参见图4–2）

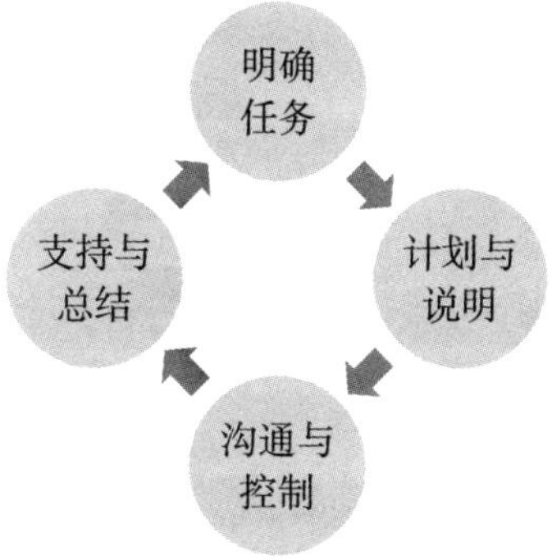

图4–2　实现领导职能的行动

领导职能的实现可以通过图4–2所示的4个动作产出成果。这个动态的执行步骤可以称为行动指导，也可以把它看成一个管理流程。

在实施行动时，领导者确定需要完成的任务，制订行动计划，决定谁在什么时候以及在哪里做什么，必要时还包括应该怎么做。

一旦计划确定之后，领导者进入下一个阶段，向下属说明情况，并确保每一个人都了解自己的角色以及他们应如何配合整体需求。

一旦开始执行计划，领导者实施控制的方式就是密切关注当下的任务执行情况，并在必要时介入，以便进行校正。领导者要为随时提出进一步的改进意见和建议做好准备，尽管领导者也会听取他人的意见，尤其是在决策过程中。

领导者担负着设计必要的具体行动的责任，所以领导者在阿戴尔的领导力模型中的位置，处于相互重叠的功能区域的汇合点。

一是明确任务。一般情况下，如果参与任务的人能完全了解自己所处的工作大环境，那么他多半能定义并明确自己的任务，而不必坐等领导的指示。或者领导给出的任务要求明确具体，员工清楚为什么要做这个任务、做到什么程度以及怎么做的问题，领导的工作就已经完成一半了。

二是制订计划与任务说明。先看制订计划，在传统的组织管理中，计划多是“自上而下”的，现在很多的新锐公司非常注重员工的“参与感”，他们会在计划确定前，完成“自上而下—自下而上”的循环，在明确方向和任务之后，鼓励所有负责执行的员工，让他们以一种动态的方式参与计划的制订，让人们在讨论中明确谁来做、做什么、什么时候做和怎么做等工作细节。有时在这个阶段会有一些混乱。这么做的好处是一旦确定计划，大家的责任和义务都比较明确，整个项目会有更多的成功机会。

现在说一下任务说明。任务说明与制订计划基本上同步进行，因为每一位参与行动的人都参与了计划的制订。除了要对不直接参与行动但却间接相关的其他部门进行任务说明之外，最好由那些直接参与任务的人来承担任务说明的责任，因为他们对工作内容了解得最详细。

三是控制与信息流动。在现实生活中，项目里同事之间的相互督促比上下级的监督作用更为显著且更为重要。如果出现了问题，比如破坏规则、跨越边界、目标未能实现等现象，最好能激发成员主动协作解决问题，而不是把问题上报，能否实现这一点，是检验领导效能的重要指标。

四是支持和总结。发挥“360度反馈”和实时反馈的管理效能，要实现这一点，领导者的榜样作用和教练角色至关重要。

接下来，我们要把阿戴尔领导力新模型中的3个要素与领导力职能实现的行动步骤结合起来，让读者朋友们从“WHAT（是什么）”，升级到“HOW（怎么做）”。

“浅尝辄止”是很多人学习的误区——刚听到某个观点或者理论，他觉得很对，就很开心，因为内心的共鸣，让他觉得自己已经“知道”了。但实际上，这不过是“知识层面”的知道，而“行为层面”的知道，才是真正的“知道”，所以才有身体力行的说法，换句话说，叫作“纸上得来终觉浅，绝知此事要躬行”。华为的任正非曾经说：“我们一直在强调让听得见炮声的人呼唤炮火，但是怎么呼叫我们还不够清晰。”所以一个观点和看法光是听上去有道理还不够，还要有一个层面就是该如何执行到位，具体到如何实施执行动作。

第一步：明确任务。要做到两点：简单明了和有意义的目标。

表 4–1　明确任务

	任　务	团　队	个　人
简单明了的目标	准确表述层级目标与衡量标准	团队成员认识到彼此依赖，实现整体目标的重要性	任务要求，责任和权利明确
有意义	统一坚定地说明每一个目标都有助于任务实现	团队目标蕴含的可共享的意义和激情	清楚自己的动机

第二步：计划与说明。明确行为边界与实现目标的基本要求。

表 4–2　计划与说明

	任　务	团　队	个　人
行为边界	对于职责外的活动的说明	明确团队成员的具体工作，使团队成员理解与其他团队的协作关系	个体工作角色的行为标准：何时达到什么程度，与谁如何协调
基本要求	业务能力要求以及为众人带来的获得感	对团队整体的技能要求与奋斗动力	岗位职责要求以及对个体的纪律要求

第三步：沟通与控制。明确组织规则并灵活把握。

表 4–3　沟通与控制

	任　务	团　队	个　人
组织规则	形成常规工作流程与处理突发情况原则	让团队成员充分理解价值观和团队纪律	依据反馈，将做什么和怎么做转化为自己的行动
灵活性	以灵活性为目的是能够应对环境变化并快速行动	团队具备内部角色变换的能力与独立行动的能力	个人在不确定情况下的适应力

第四步：支持与总结，清晰、开放的反馈。

表4–4　清晰、开放的反馈

	任　务	团　队	个　人
清晰、开放的反馈	落实评估标准和流程，从已经实现的结果来看取得的进步	通过评估标准反馈给团队，使其明白该“怎么做”，比如使用360度反馈工具	每个人都清楚自己的工作结果以及知道别人如何看待自己

二、权力的本质属性

权力被赋予有3种形式：继承、选举和任命。很明显，相当部分的管理者是被任命的。这种被赋权的方式有两种情形：一种是提拔你的领导德高望重，很受大家尊重，于是他提拔的人大家也会认为错不了。相反，如果是口碑很差的领导，他越是看中的人，大家就会越反对，即使这个人真的很不错。这就是人心向背的含义。被领导看中提拔起来，对比被群众选举出来，这两种情况是不太相同的。

一般说来，权力的属性可以做如下划分：

合法权，组织的任命和领导的指派。

奖赏权，我是你获取收益的重要影响者。

强制权，你违反规定，我可以采取制裁措施。

专家权，我以专业权威要求你。

典范权，我以人格魅力让你心甘情愿地追随。

对于资历较浅的管理者来说，要尽量避免使用职务权力。避免在公开场合说谁做得好，我会给予什么样的奖励，那是在展现奖赏权，更不要说，谁要是干得不好，会有什么样的后果，那是在动用强制权，永远不要威胁员工！而对于那些资历深、威望高的领导者情况则会相反。

当你走上管理岗位，你就要认真思考团队内部的人员和思想了，因为你要引领他们，你就必须给出这些人被领导的理由。

对管理者而言，只有知道了人们内心的想法，才能匹配恰当的领导策略。有一类人必须重点对待，而且他们的特点也很突出——对于升职和一些利益的问题，经常表现得“云淡风轻”，言行中充满了对名利“超脱”的姿态。这类人往往在团队中较有影响力，虽然能力很可能一般。但是，这种“淡然”还是会令团队中的其他成员心生好感；另外就是，这种姿态会让他们较为引人注目，甚至会成为选拔任命中呼声较高的候选人。那么他们真的能做到超然物外吗？未必！他们也许刚开始的时候的确对被提拔兴趣不大，可是当当选者坐在台上正儿八经地布置工作的时候，他们的想法就不同了，他们心里会想：凭什么是他？他有什么资格吆五喝六的？加上那些原来很想当干部，对这个职位觊觎良久的人，此时就会有一种被剥夺感（虽然这个职位未必轮得到他们）。

说到这里，笔者要提醒读者，作为管理者要充分地意识到团队内部的人员心态，你需要做的就是，让人们逐渐适应你是领导者的事实，在这个过程中，越是微妙的心理变化就越需要谨慎面对。

有调查显示，60%的人认为一个领导最吸引人的特质是“责任感”。责任感意味着对企业和事业的专注和忠诚，发自内心地负责任，在遇到困难时毫不畏缩，绝不逃避，更不会推卸责任。人们都更加喜欢坦诚开放的领导者，管理者更无须隐藏自己的性格，大家都抵触那种“笑面虎”式的伪君子。戴着一副假面具，不以真面目示人的人是招人厌恶的——一个非常要强的人用低姿态对人，或者一个懦弱的人拼命以高姿态示人，都会使人不舒服。

掌握好自己，不断提升自己的人格魅力，赢得大家的尊重，才会真正拥有号召力，也才是真正的拥有权力。到那时，你就会体会到，这与职位无关，与年龄无关，与资历无关，与谁看中你、谁提拔你都无关。

当一个人被任命后，就拥有了某个职位，此时的他可以说有权，也可以说无权。说有权，是因为职务让你具备了支配和接触某些资源的资格；说无权，则是因为如果你不善于沟通与协调团队内外部的人际关系，缺乏领导才干，就不会有人服从，这一点在基层管理者身上体现得尤为明显。

获得管理职位只是管理生涯的第一步，接下来，如何行使权力才是一个人领导能力和管理水平的展现舞台。我们接下来就讨论一下，在使用权力的过程中那些值得注意和思考的地方。

先看一下奖赏权。管理者对员工说："好好干，我给你奖励！"这就是奖赏权力。可是，这个奖赏一旦别人不要，或看不上，那么这个权力无形中就变小了，所以，我们所提供的奖赏必须是大家认为有意义且有价值的。比如，大家都认为钱是最有价值的，而我们却拿不出钱来奖励，那么权力就小了，影响力也就下降了。

现在宫廷戏很受欢迎，那些封建统治者能够让下属服从，靠的是什么？很大程度上是他能给予别人荣华富贵，也能让对方穷困潦倒，甚至剥夺其生存权。我们所说的权术，都是建立在这个利益的基础之上的，至于如何运用权术，靠的则是影响对方的情绪——封建统治者对待下属有一个法宝就是"喜怒无常"，让下属捉摸不透，总是在患得患失之间纠结，进而产生强烈的依赖感。关于这一点，读者可以去看电视剧《康熙王朝》，康熙皇帝对明珠和索额图两大权臣的权术运用，之所以效果奇佳，其根源就是这两个人都有强烈的功名心并对康熙产生了强烈的依赖感。也有企业管理者想要学习这些帝王权术，但环境不同，这样的想法也是很难实现的。尤其是现在企业都有绩效考核制度，员工的收益和奖励都有明文规定，这其实是削弱了管理者（根据个人好恶）的奖赏权，而强化了管理制度的公信力。

当然，即使是再好的绩效管理，其底层逻辑也是人性深处“趋利避害”的天性，这一点是改变不了的。华为的“狼性”在某种程度上就是把这个影响扩大了。还有一个很重要的情况，就是那些“淡泊名利”“宠辱不惊”的人，现在有很多员工家庭经济条件好，他也不是很看重这些物质回报，这个问题对于企业的基层管理者来说，应该是普遍存在的。笔者在这里的观点是，这些人不看重经济收益只是一个表象，人们关注的收益可以分为有形收益与无形收益，这个员工只要还在你的团队里，他就对这个组织有期望，他就希望得到某些东西，或者是福利待遇、办公条件、工作环境，或者是品牌影响力、团队氛围和人际关系。这一点考虑清楚了，你选择的管理策略才会有效。

现在看强制权，管理者对员工说：“不好好干，我扣你钱，或者让你下岗！”这就是强制权力。可是，在现实生活中，即使是企业高管和创始人也不能随意使用这一权力。

领导者渴望拥有权威是很正常的诉求，但在行使职权的时候还是要注意方式方法。有些领导者喜欢在自己新官上任时，烧上“三把火”来树立权威，通过当众斥责或者处罚某些下属来塑造自己的权威，这一方法有效的前提往往是上级掌握了下属需要的某种资源，否则就难以奏效。

第二节 ┃ 领导力的内涵

一、从有“职位”到有“权力”

学员：孙老师，我是您的学生，在您的培训中学习到了很多管理知识，也很受启发。但现在我有个困惑，那就是我在工作上做了充足的准备，也按照您书中的方法对员工进行指导和帮助，但还是有一种失落感，加上有人一直在冷眼旁观，这让我很沮丧。

笔者：管理者需要有智慧。因为下属追随的不是某个计划，而是制订这个计划的人。

大部分管理者在踏上管理岗位之初总是异常兴奋，以为自己终于大权在握，即将踏入指挥下属、取得非凡成就的境界了。可事实上却完全相反，在很多工作的开展和委派过程中，管理者并没有体会到作为指挥者颐指气使的快感，反而多了几分孤立甚至是挫败感。

案例40

运用权力

张经理找到下属小王，打算安排他去执行一项难度较大的工作（小王也是团队中唯一能独立担当该任务的人选）。

场景一：

张经理：小王啊，我们的××项目你也知道，现在到了比较关键的阶段，你看能不能辛苦一段时间，去做现场管理。我知道，这会比较辛苦。但公司的政策不灵活你是清楚的，在报酬方面也不能另外给你补贴。再就是，一直以来我们合作都比较愉快，这个事情你就算帮我的忙吧……

小王：为什么是我啊？领导，您知道我家里的情况，孩子太小，我不能出长差。我的身体状况您也清楚，我很想支持您的工作，但我真的也有现实困难呀……

场景二：

张经理：小王，我们都是给公司干活，这项工作辛苦我清楚，报酬低我也清楚，可是工作总得有人做吧！怎么说我也是你的上级，公司制度不是也强调服从安排嘛。这个项目就拜托你了，当然我会尽量向公司争取奖励政策，谁也不希望由于工作没做完被公司处罚这样的事情发生，你说是吧？

小王：领导，公司的制度规定当然要遵守，按照制度办事我也没有意见，可是现实状况摆在这里，您总不能强人所难吧。公司制度有说必须由我来做这个工作吗？

场景三：

张经理：小王，这个项目到了关键时刻，我们的工作肯定不能被耽搁，你是我们团队里目前最合适的人选，如果你不能服从公司的安排，恐怕我只能采取强制手段了，否则今后的工作就无法开展了。

小王：张经理，公司安排工作不应该强人所难，如果像你说的那样，那这个团队文化和风格我也是不能接受的，我现在就辞职……

在以上3个管理场景中，管理者依次运用了权力的3个层级。首先是个人影响力，其次是赏罚权，最后是制裁权。我们能够看到，案例中是3个权力层次运用的升级过程。但最后的结果却是失败的，为什么？

后两项权力的运用很容易激起对方的逆反心理，因为管理者表现出来的姿态是高高在上的。以压制为主的上下级关系更容易激化矛盾（现在的就业市场非常发达，人们寻找新工作的机会也比较多，成本也比较低）。

有实际管理经验的管理者都清楚，在工作中我们运用最多、最有效的手段往往是第一种——个人影响力。

对管理者而言，最需要投入精力和最值得依靠的就是个人的素养和能力，尤其是在企业规章制度不健全，或有了完备的规章制度却执行差的情况下。或许有人会说这是因为企业不能严格执行赏罚制度，否则那些制度怎么会形同虚设？从理论上来讲，这些制度是不错的。但是为什么在国内众多企业中都存在这个问题就值得思考了，这说明在我们的文化习惯中，“人情”是不能不考虑的，执行制度不讲情面的结果就是失去群众基础，如果一个领导者没有了支持者，其结果将是毁灭性的。因为在中国人的文化中，“情、理、法”的排序，情在第一位。

《礼记·大学》中说，修身、齐家、治国、平天下，讲的也是修身为本。孔子一直到处游说，希望能够有明君采纳他的思想，但是多年以后他的归宿是回到原点，不再指望能有帝王践行他的治国理念，最终转过头来著书立说，全力“修身”。

一直以来，笔者对“统一思想”都不抱太大的希望，在世俗化程度如此之高的现实下，高声宣扬奉献思想和高尚精神，不仅不能赢得员工的理解，反而让他们质疑动机。在这里必须明确的是，管理者不是决策者。如果是决策者，就可能更好地通过制度建设，使企业管理效能得到提升，员工的工作质量得到提高。如果是决策者，可以在企业（老板）文化和员工价值观念方面有所作为。实际上，即使是决策者，也千万不要以为自己就能很容易地推行制度化管理，在整个社会法治化程度不高的情况下，强硬推行制度化管理，会四处碰壁的，也不要轻信什么文化引领之说，与那些从不知道什么是价值观的人谈论文化，或与缺乏思想的人探讨思想，只能是对牛弹琴。

案例41

有职无权

学员：孙老师，您让我说管理工作中发生的一件事，有件事简直让我郁闷至极！

笔者：何出此言呢？

学员：某天我给部门一员工安排工作，居然遭到当众拒绝，说没空，并且申明私人时间不能加班。我真是无语了！

从实践经验来说，管理者最靠得住的是来自个人的力量。在实际情况下，人们在揣摩管理者的时候，一般不会想正面的理由，反而会有不少负面的推测，这一点在新任的管理者身上尤其突出，比如有后台，或者长得漂亮，会阿谀奉承等。若他还比较年轻，也注定会比老资历的干部遇到更大的阻力。这就对个人修为提出了更高的要求。

笔者当年任部门经理时非常年轻，岗位经验不满2年，资历浅，年龄小，但是被领导看中，未经民主选举就被授权管理业务团队，可当时所有成员都比我年长。我是硬着头皮上阵的，受了不少委屈，那些老员工对我布置的工作置之不理，或者阳奉阴违草草了事，最尴尬的是一位资深销售竟然在一次会议上一个劲地抓我把柄，严重地伤害了我的自尊。从那以后，我才真正明白，布置工作是职务权力赋予我的，但让他们不折不扣地执行却要凭借我的人格魅力。

在“职”“权”的关系中，“职”是前提，“权”是核心。拥有职位和拥有权力有很大的差距。把一个有职位但是没有权力的管理者说成“形同虚设”并不为过。

那么，什么是权力？权力就是影响个人或群体不以他们自己的意志而做出行为的能力。越是能改变他人的意志，就意味着权力越大，工作也就越容易开展。作为管理者，需要运用权力来完成工作。在工作中，一个“老好人”，一个被人称赞、极受欢迎和喜爱的人，未必是个称职的领导。因为要推进工作就不可避免会遇到反对。为了促使别人完成工作或保护特定的利益，管理者就必须拥有权力甚至是玩弄某种“权术”，以达到管理的目的。然而，世界上没有谁愿意被别人领导，没有人心甘情愿地当别人的下属。运用权力的时候，实际上是在强迫下属，并且下属内心是抵抗的。所以，权力不能让人变得更积极和自觉，也不能获得下属的认同。员工们的心里始终存在一个观念：这个人是来管我的！无论管理者愿意还是不愿意，从你被任命的第一天起，就已经被卷入公司的复杂人际关系中了。人员更替、职位调整打乱了公司原有的权力平衡系统，于是，人们开始进行“磨合”，采取行动逐渐建立新的平衡。

案例42

升职后的痛苦

小郑被公司任命为中南大区的销售经理，消息一公布，小郑悬着的心终于落地了，他很开心自己的工作被公司认可。但是随之而来的“状况”却让小郑心里的愉悦一点点消退。首先是自己最好的朋友小章，他是小郑在公司里最“亲密的兄弟”，但最近好像总有意疏远自己，难道朋友也不希望自己升职吗？还有小徐，他业绩一直不错，在团队中人缘也不错，但这几天情绪不高，对自己也不像以前那么热情。反而是销售总监张凡对自己比以前更加关心了，每次路过自己的工位或者跟自己谈话的时间比过去更长。其他部门的同事一见面就大声叫自己郑经理，虽然小郑笑着说还是像以前一样叫小郑就行，但他们仍然叫郑经理。聚餐的时候，从前的同事在喝酒时好像不太“交心”了——那种“掏心窝子”的亲密感消失了。

今天小郑安排下属李建去郑州出差，他总是在找各种理由推托，虽然最后还是答应了，但小郑心中却怎么也高兴不起来，觉得自己这个上司当得真是“郁闷”。

政治活动首先就是评估他人权力的大小，而后运用自己手中的权力实施最有效的管理。案例中的小郑已经毫无选择地被卷进了一个新的“政治环境”，在这里，他的社会关系和交往策略需要更新，因为从前的人际结构发生了变化。小郑已经拥有了职位，但很明显的是，他还没有获得与职位相对应的权力，这一点在企业中是非常典型的，小郑的职位说到底还是比较初级，无法为他带来“权力感”。此时，“屁股（职位）还不能决定脑袋（决策归属）”。

但是，拥有“职位”也是一大优势，毕竟小郑具备了这个身份，他代表团队就属于“师出有名”，至于能否让自己的职位与权力相匹配，就要看小郑接下来怎么做了。在这里笔者总结了一下关于权力运用，也就是管理者“树立权威”方面的几个技巧。

1.使自己的主张都与公司利益相关。一旦某项管理措施被认为可能损害公司利益，那么管理者一定会处于劣势。所有的管理措施只有在替公司和整体人员着想时，才有被人们接受并推行的可能。所以管理者必须研究公司的战略规划、组织愿景和企业特色。

推荐做法：

一是小郑需要站在更高的角度思考工作，要时时刻刻提醒自己，面对团队讲话时避免说“我希望”这一类的话，而是要说“公司”或“我们部门”。

二是把组织利益放在第一位，如果组织利益和个人利益有冲突的，尽量牺牲个人利益。

三是参加管理会议，要认真领会本企业的愿景规划和企业特色，制定的每一个举措都应该是服务于企业（部门）大目标的，即使方法可能不是最佳的，但目的是实现组织目标。

只有站在组织的角度思考问题，才能真正体现“企业经营者的代言人”这一身份，职位不过是该身份的象征。

前文说过，权力的获取有3个途径：继承、选举和任命。封建王朝的最高管理者的权力主要由继承而来，现在很多家族企业的传承也是如此。西方社会的总统与议员，其权力则来源于选举。在当今企业中，管理者的权力大多来源于任命。

被任命者的权力主要来源于任命者，所以当下属对上级指令拒绝执行和反对时，本质上是对任命者的不认同，所以，管理者一定要明白，你最大的支持者就是任命你的上级或者说是组织，在这一点上，管理者与被管理者的优势对比是很鲜明的。

2.使自己的形象符合大家的期待。管理者应该适当美化形象以展示个人风采。简言之有3点：其一是服饰。正式职业装既能显示职业性，同时又能与人保持合适的距离。其二是举止。不能把个人情绪带入工作中，这会让大家怀疑上司的能力，不利于工作的展开。在举止上，管理者应该是礼貌、高效而果断的。其三是语言。随和的态度和谦逊的语言能塑造权威感和亲和力，若能幽默则更受欢迎。当然，外部形象不是赢得信任的全部，在这里提及，只是为了引起重视。

3. 使自己的知识和才干能填补团队的不足。成为组织内稀缺且无法替代的重要资源是有必要的，所以管理者必须考虑如何在工作中注入新知识和新思维。

案例43

决策成功源于认知正确

当360软件被其他企业不屑地称为“安全辅助工具”时，周鸿祎并没有动摇，当360推出免费杀毒软件的时候，被对手称为简单、白痴、不专业。但是，周鸿祎很清楚地知道，这些行业内的评价者并不是从客户的角度出发，他们也不了解客户的想法。他知道，市场的认可才是王道，客户体验才是真正的核心竞争力。为了提升客户体验，360采取与其他企业完全不同的打法：

1. 运行速度。很多杀毒软件扫描硬盘会占有资源，让电脑比较卡。但是360改变报毒规则，只有恶意程序运行时才报毒，然后迅速查杀处理，提升了杀毒软件的速度，用户感觉更加顺畅。

2. 改变开机扫描。传统的杀毒在电脑一启动就进行安全扫描，让用户等很长时间，360改成了不扫描，等客户把事情做完才在后台扫描。

3.改变杀毒软件界面。360的界面很简单，只有3个按钮：快速扫描、全盘扫描、指定位置扫描。很多专业人士说这么简单、这么白痴太不专业了。事实上，用户就是喜欢“简单”的软件。

4.不打扰用户。弹出窗口提示用户升级、打补丁必然会打扰用户，所以360杀毒默认开启免打扰模式，当用户运行程序时，不提示，推迟升级任务。

4.找一个有权威的人物做顾问或老师。如此一来，这个德高望重的人可以明显提高我们在公司中的地位。

推荐做法：

小郑可以找公司高管，拜他为老师，比如那个张总监就可以是人选之一。当小郑成为高层的学生后，他自然就会对小郑的成长多给予关注，沟通频次的增加可以让小郑更加深入地了解公司的发展规划，同时与公司高层建立更紧密的关系，而这样也能为小郑的个人领导能力和团队政治观加分。

5.躲避“有污点”的成员。与公司里的边缘人物越接近，我们就会越远离主流人物的拥戴，所以不能站错阵营。

推荐做法：

小郑需要时时提醒自己避免与“有污点”的成员私交过密，甚至连有可能引起误解的行为也要避免。因为过多交往意味着支持和理解。

6.站在领导一边，支持他们。即使在他四面楚歌时也要支持，如果他确实非常糟糕，可以选择离开，但只要在这里一天，就要成为公司正式权力系统的维护者而不是破坏者。

案例44

坚定地支持组织和上司

康熙的宽松吏治导致其晚年时国库紧张，官富民穷。不得已才选派人员清理债务，但是大臣们没有人愿意接手这个任务。康熙想，那就让我的儿子去吧，结果阿哥们也不愿意，因为这是个得罪人的事情。当时的四阿哥胤禛即后来的雍正皇帝，也不想接手这个任务，但是他的智囊提醒他，此时是皇帝最需要有人支持和帮助他解决问题的，能在这个事情上以实际行动支持皇帝，收效必然胜过很多其他事情。后来胤禛决定去执行该任务，虽然最终效果并不理想，但这给康熙留下了一个深刻的印象，就是胤禛这个人能够为了国家利益不惜得罪所有人，具备“独夫”的品质。“独夫”是什么，当然是那个自称“孤家寡人”的皇帝。

二、树立威信 = 赢得尊重 + 令人信服

你必须按我说的做，因为我是经理。这是合法权力。可是，员工们可能心里会抵触：谁知道你这个经理是怎么当上的，抖什么威风。员工可能会把对企业甚至是对你上级的不满转移到你身上：“提拔任命你的领导就不怎么样，你们是臭味相投！”

案例45

被轻视的上司

李静从原广告公司跳槽到了一家快销品公司，担任市场推广部

负责人，她手下有个男生，认为自己留过学，喝过几年洋墨水，总是自我感觉良好。李静上任后，他总是不服气的样子，做什么事也不沟通，交代给他的工作总是应付了事。

李静找他沟通，他总是“据理力争”，他加入公司4年了，一直在做文案策划，能力还是挺强的，这些李静也都考虑过，但是这对着干的状态也确实不是个事。

李静想过开除他，可苦于目前人手不足，而且他在这儿干的时间较长，开除也不是那么容易，要给公司充足的理由才行。

思考着当前的工作状况，李静很是苦恼。

从案例45来看，下属对上司的轻视是比较明显的，或许下属内心对“官本位”的观念比较淡泊，不会因为你是领导就“额外”尊重。尤其是经验丰富的、拥有高学历的人更会有优越感。若上司在他们看来平淡无奇，甚至很平庸，那自然不会被他们放在眼里。当然，这些“恃才傲物”的人也很务实，他们崇尚的是能力，没有能力就无法赢得尊重。

案例中的李静在新的环节做得不够好，她没有在团队内建立其自己的威信，或者说没有得到同事的基本认同，在开展工作时遇到这些问题也是正常的。因为你已经不再是员工了，在一个岗位上仅仅做好自己的事是不够的。你是做部门负责人，要厘清部门内部的人员，让大家初步接受你，然后再开展工作。

案例46

企业上演“宫斗戏”

北京是大成公司的重点市场，但一直没有充分做大。公司委派了新的干将到北京市场任办事处副主任。名义上是副主任，实际上是全权负责北京市场的营销推广工作，而原来的办事处主任只负责一些“打杂”事宜，诸如客户的公关，还包括对整体推广的“监控”，因为他是“正”的主任。

副主任到任的第二天，就召集办事处所有员工开会，包括正主任。当时办事处马上要进行一个淡季促销活动。执行不力一直以来是办事处的顽疾，为了避免重蹈覆辙，副主任一丝不苟地给每个员工明确了工作职责及必须完成的时间，并且还教给了他们科学的工作方法。

一切似乎都很顺利。但坐在一旁静静观看的公司总部同事A却对副主任的做法感到担忧：也许这位老兄在北京市场做不了多久了！

A担忧的主要原因是副主任初来乍到，对周遭的环境都还很陌生，就完全按照自己“理所当然”的逻辑思维来指挥整个团队的工作。当副主任在信心十足、有条不紊地布置工作的时候，A注意到坐在下面的员工脸上流露出的都是一副漫不经心的表情。

A之所以能够感受到他们的态度，是因为他已经在北京市场待了2年了，A在与办事处员工相处的过程中，以“旁观者”的身份直接地了解到了他们的工作状态与个人特点：办事处经理B来得最早，也最有市场推广思路，但办事不够稳重。区域经理C年龄最大，较有社会经验，但专业能力不高。在开会之前，A无意中发现C打印了一份调薪申请表。估计他对当前的待遇不是很满意。区域经理D则是一直不显山不露水，A还没看出他有哪些特长或者哪些大问题。区域经理E是几个人当中最具“变数”的一个，经常开会时自己一个人溜出去抽烟，并且许久不回来。

B、C、D、E这几个区域经理犹如一群被办事处主任“惯”坏了的孩子。他们已经养成了一种散漫的工作作风。所以，当副主任在上面雷厉风行地布置任务的时候，他们是抱着抵触心态的。因为副主任打破了他们已经习以为常的节奏与氛围。在正主任与副主任的比较、选择当中，他们最后可能更倾向于原来的正主任。

这恰恰是正主任所想要达到的目的。就个人情感来讲，正主任并不甘心把大位让给后来者。市场推广虽然不是正主任的强项，但如何公关、拉关系却是他的拿手好戏。A预计到，在不久的将来，事情发展的结局很大可能是几个区域经理联合起来，与原来的正主任一块把新来的副主任赶走。

作为管理者，如果没有赢得团队成员的认可和尊重，他们是不会服从指挥的。那么一个管理者要赢得下属的尊重，他靠的是什么？就是靠出色的业绩（包括过往的）和令下属信服的领导才干。

案例47

追求极致

某公司在个人电脑上模仿苹果IPAD的体验，但是在做完后总是感到效果不理想，山寨味道很浓，于是就找了一个专家给他的团队上了一课。专家说苹果里有一个加速函数，有一个运动模型，当IPAD翻屏时，不是一个简单的匀速运动，而是一个加速运动，到边界的时候，甚至会有一个反弹。客户的体验是最重要的，谁了解客户，谁就有发言权。

《乔布斯传》里有一个例子，说乔布斯有一天给谷歌高管打电话，说苹果IOS有一个谷歌地图图标，放大多少倍后，第三行有一个像素颜色不对，他认为这影响了IOS的美观。正是苹果公司对客户体验的极致追求，才为其赢得了客户的口碑，也正是因为乔布斯对客户使用感受的深入了解，才形成了大家对其领导才干的高度认同。

接下来，肯定有很多读者会想，那怎样才算是有领导才干呢？笔者的观点是——真正的领导者必须赢得大多数人的支持。

那么，靠什么赢得支持呢？第一种是拥有“专业权力”，依靠过硬的专业知识技能，就会赢得别人的尊重，从而影响他人。就如特级技工、学术权威和学科带头人等。可大部分管理者不是，或者说他们的知识优势并不那么明显。第二种是丰富的资历和声望，就像马云一样，如此就有了“参照权力”，因为人们想接近我，借助他们对我的渴望，使我能够影响他人。可毕竟我不是名人，也许将来会是，但至少现在不是。第三种是有头脑，能分析问题并找到解决问题的方法，这就拥有了“理性权力”，良好的推理和解决问题的能力可以成功地影响他人。第四种是有魅力，通过个人特性，如乐观精神、冒险意识以及对事业的执着，使自己拥有“魅力权力”，才会有效地动员和鼓舞他人采取行动。

案例48

哀骀它的魅力

春秋时期，卫国有个名叫哀骀它的人，他的形貌虽然很丑陋，但与人相处亲近随和，不管是男人还是女人都非常喜欢和他交往，舍不得与他分开。有一些女人甚至说：“与其做别人的妻子，还不如做他的小妾。”

哀骀它一无权位，二无财产，也没有什么高深的理论和显赫的功绩，却受到几乎所有人的喜爱和赞美，这让鲁哀公很好奇，于是就派人把他从卫国请回鲁国加以考察。相处不到1个月，鲁哀公觉得他在平淡中确有不少过人之处，不到1年就很信任他了。不久，宰相的位置空缺，鲁哀公便让他上任管理国事，可他却淡然，无心做官，虽然在鲁哀公的再三要求下参议了国事，但不久他还是谢辞了高位厚禄，回到他在卫国的陋室中去了。对此，鲁哀公求教于孔子：“他究竟是怎样一种人呢？”孔子说：“我曾经在楚国看见过一群小猪在刚死的母猪身上吃奶，但过了一会儿就都惊恐地逃开了，因为小猪发现母猪已不像活着时那样亲切。可见小猪爱母猪不是爱它的形体，而是爱主宰它形体的精神，爱它内在的品性。哀骀它这个人虽然外表不美，但他的品德和才情等内在之美必定已超越一般人很多，所以您和许多人才喜欢他。”

人们之所以会信赖和尊敬某个人，多数是因为他的魅力，魅力是由思想所形成起来的某些特质，它以自信为基础，可以让人们在行动时从容不迫、面对公众时侃侃而谈。一个充满自信的管理者就是一个坚信自己能处理好手头工作的人，而当这信心融合进思想，把潜意识转变成强大的精神力量时，就会变得深受欢迎。

案例49

成功者往往拥有强大的自信

球场上，马拉多纳左冲右突，越过对方防守，最终把足球送入对方球门，尽管对方在全力防守时铲球、拦截时犯规动作不断。事后记者采访他的时候，他说了一句话几乎感动了全世界的球迷。记者问他："那么多的人踢你、拽你、拉你、踹你，你为什么不生气？"马拉多纳说："没有这么多人干扰我，哪有我做球星的价值？正是由于这些人用了这么多不规则的动作，才展现了我高超的球技。"记者说："那你为什么不报复对手呢？"马拉多纳说："报复对手最好的方法是把球送到对方球门里去。"

责任感也是领导魅力的一个重要构成部分，责任感意味着对企业和专业领域的专注与忠诚，不论在不在其工作范围内，只要是关系到企业的利益，有责任感的人都会毫不犹豫地加以保护。即使遇到困难也毫不畏缩，绝不逃避，更不会推卸责任。

案例50

联想就是我的命

联想公布其2008年第三财季的财报。尽管联想早已发出过大规模亏损的预警，但是9700万美元的亏损额还是令业界吃了一惊。为了挽回投资人的信心，联想迅速做出了一系列令人眼花缭乱的调整：创始人兼董事柳传志将重新担任董事局主席，现任主席杨元庆将转任CEO（Chief Executive Officer，首席执行官），原CEO威廉·阿梅里奥将在担任公司顾问一段时间后离职。随着老帅柳传志的出山、杨元庆重新执掌联想具体事务的操作，这意味着联想重回"柳杨配"黄金搭档的年代。

柳传志强调："联想就是我的命，重新出来是我义不容辞的事情。我是一个非执行董事长，非执行董事长跟执行董事长不同，非执行董事长是不用全天候在联想集团里边工作。我的工作主要是支持杨元庆和COO（Chief Operating Officer，首席运营官），使他们能够更全力地关注业务方面，更好地去执行。在我和杨元庆的心目中，联想一定要成为一家伟大的国际公司。”

在此之后，联想开始扭亏为盈。

为了再一次顺利地将联想集团的权杖交到杨元庆手中，柳传志还做了多重伏笔，从促成杨元庆借贷巨资购买联想集团8%的股份，到数次出面宣布联想集团收购 IBM 旗下 PC 业务成功，再到调离联想集团高级副总裁陈绍鹏，最后选择在联想集团公布一份有亮点数据的财报的时候将杨元庆再次推向前台。在交班仪式上，柳传志送给杨元庆一座木雕，是一只呈展翅腾飞状的雄鹰，柳传志在底座上提笔写下，“希望联想集团在杨元庆的领导下越飞越高，飞到全世界都看得到的地方”。末了，柳传志又补一句，“联想现在确实是越过了一座又一座的山峰，但是现在我们回过头来看，原来我们越过的都是丘陵，在我们的前面才是真正的山峰。元庆一定能够带领大家越过”。殷殷希冀之情溢于言表。

要学会敏锐观察。要通过实践和反思学会揣摩，看透别人的心思，当有人产生疑问时，可以预先察觉。当有人在遇到困难，心中着急时，最好能预先知道他的希望，知道员工希望做什么，不愿做什么。如果上司对下属的情绪漠不关心，下属是不会站在上司的角度上考虑问题的。

案例51

德行的基础是谦卑

古人曾说："卑让，德之基也。"所谓卑让，是压低自己的姿态去屈就对方，这便是"德"的根本。三国时代的刘备所具备的德就是这种卑让。在"三顾茅庐"这个故事中，刘备为了请诸葛亮出山帮助他，不惜三次亲自到诸葛亮的茅屋去拜访他，将卑让的德行发挥得淋漓尽致。事实上，两人当时的地位相差悬殊，刘备虽然在争霸的过程中不太顺利，但依旧颇有名望，况且他当时已年近50岁，孔明却只是个20多岁的无名小卒。然而，刘备仍旧以崇敬的态度请孔明当他的军师，并在孔明应允后，又马上将制订的全部作战计划等国家大事都委任给他。这种信任与大度，正是孔明愿意为刘备"鞠躬尽瘁，死而后已"的原因。

作为管理者需要仔细衡量自己的权力到底有多大，如果权力不足，不要责怪环境或者抱怨领导授权不够，又或者抱怨大家轻视年轻干部，我们必须要先问询自己，我善用职位权力了吗？我拓展人格权力了吗？"得人心者得天下"，这句话的意思也是要让人们拓展人格权力的。

那么在行为层面，我们该怎么做才能实现目标呢？

作为一个管理者，提高自己的权力影响是最重要的。就算一个人专业水平高，独自把领导布置的任务完成得很出色也丝毫不能给他的管理加分。很多管理者往往认为权力主要来源于职位，但是，过于关注职务权力的扩大是错误的，这会让人陷入斗争，制约其成长。要想在一个团队里成为众望所归的人，就必须加强人格方面的修炼。如果人格权力缺乏，即使你在台上布置工作，下属们还是不会认真执行。

三、追求卓越的驱动力

绝大部分成功的人之所以成功，很多时候只是因为在某些事上，保持了比其他人更持久和更强烈的专注，有研究显示，在一件事情上做得越久，你的天赋和能力就会变得越不重要，而内在的驱动力的影响却变得越来越重要。

丹尼尔·平克所著的《驱动力》一书中提出，驱动力分为3种：第一种驱动力是生物性驱动力。我们需要衣食住行来保障自己的生活，不通过工作赚钱就无法生存下去。第二种驱动力是做出特定行为时带来的奖励或惩罚。公司承诺如果完成任务，就能拿到奖金，我们会工作得更努力；公司规定迟到要扣钱，我们就会注意考勤。目前，这是应用最普遍的驱动模式。也是“胡萝卜加大棒”驱动人的心理机制。然而这个曾经威力巨大的管理模式，局限性也在日益凸显。有研究结果证明：奖励和惩罚能起到短期的激励作用，却会损害长期的积极性，引发各种问题。

案例52

适得其反的措施

2000年，以色列经济学家尤里·格尼茨和阿尔多·拉切奇尼对以色列海法的一家儿童日托中心进行了20周的研究。这家日托中心每天下午4点关门，家长必须在关门前接走孩子，否则老师就要加班。然而，有很多家长总是迟到，这让日托中心很是头痛。于是，经济学家们在征得日托中心的同意后，决定对迟到的家长罚款。他们希望通过罚款的方式给家长教训，让他们不要再迟到了。然而，执行罚款后，迟到的家长人数不但没有减少，反而稳步增加。其实，家长有守时的内在欲望，毕竟他们也不想让孩子等自己，但是罚款却把这一切变成了纯粹的交易——反正花钱就可以迟到，我干脆花钱好了。

第三种驱动力就是内在动机。这种驱动力来自成就感和愉悦感。有些人能够从工作中得到乐趣，对他们来说，工作带来的愉悦感就是奖励。当销售员签订一个大单的时候；当画家画完一幅满意的油画的时候；当运动员在比赛中拿到冠军的时候，内心的成就感是无与伦比的。这种奖励可以称为“既然——那么”型奖励（既然你做这个，那么就能得到那个），所以苹果创始人乔布斯说：工作就是最大的奖赏。

当下，最常见也最传统的激励因素，就是“如果——那么”型奖励——如果你做这个，那么就能得到那个。这个激励模式对于那些从事简单操作职位的人来说很有效，但对于需要创造力和抽象思维能力的从业者来说就未必理想了。现在很多人的工作属于创造和面对全新挑战的范畴，他们甚至没有下属，也没有老板，不需要管理和激励别人，也不需要被管理和激励，他们只能自我管理。那么这些人工作的动力在哪里？又该如何驱动他们？

案例53

“自由时间”的奖赏

澳大利亚有一家软件公司Atlassian，经常给软件工程师24个小时的时间，让他们做一些自己想做的事情。于是，这些工程师便利用这些时间，写出一些有趣的程序，想出一些好的创意，凭借着一个个高度自主的24小时，他们做出了很多革新。这个计划的成功，让Atlassian推出了“五分之一时间”工作法：工程师可以用五分之一的时间来做自己想做的事情，而且完全独立自由，不受他人干涉。谷歌把这个想法发扬光大，广为推行。如今，谷歌有一半的新产品都来自“五分之一时间”。

或者，你想找设计师做一张特别一点的海报，你应该怎么驱动他？你不应该给设计师“如果—那么”型奖励，告诉他：“如果你给我弄张能震撼到我的海报，我就给你1万元奖金。”这是最常见的激励方法，却不管用。设计海报不是机械劳动，它需要脑力运动，需要打破限制，需要艺术化的思维。如果换成“既然—那么”型奖励呢？在海报做好的时候说：“颜色用得真棒，干得漂亮。既然这样，下午茶想吃什么，叫上你们部门的人，我请客。”或者给设计团队买一箱零食，或者送给他们喜欢的演出票，甚至是一张请假条，允许他无理由请假一天。总之，你只需要对他人杰出的工作表示赞赏就可以了，如果能提供一些惊喜当然更好。

一个想要做到卓越的人一定要比别人付出更多的时间和精力在工作上。也因为你想要得到他人的承认，实现自我价值。对于追求卓越的10000个小时定律，我们不知道数字是否可靠，但是全力投入才能有回报却是至理名言。

日本三洋公司创始人井植薰说："对于一般的职员，我仅要求他们工作8小时。也就是说，只要在上班时间内考虑工作就可以了。对于他们来说，下班之后跨出公司大门，爱干什么就可以干什么去。但是，我又说，如果你满足于这样的生活，思想上没有想干16小时或更多的念头，那么你一辈子可能永远只能是一个一般的员工。否则，你就应当自觉地在上班以外的时间多想想工作，多想想公司。"

The Leadership Challenge of Lion's Share

第五章　领导人塑造了团队精神

习惯能保持有序和稳定，最重要的是能减少你不得不做的认知活动的数量。在没有过多思考的情况下，习惯能使我们从容应付某些情形，尤其是涉及协调问题的时候。

第五章　领导人塑造了团队精神

一、领导者是团队的魂		
1. 如何理解企业中层的高境界、大格局、真本领	关于高境界	有清晰的理想和使命感
	关于大格局	关注大众利益和充满正能量
	关于真本领	有专业能力能解决问题
2. 如何做到高境界、大格局、真本领	高尚的理想和追求	胸襟和眼界决定了你是否愿意成就他人
	在工作中找到意义感	追寻一个有意义的目标
	以学习和思考来提升，以实践来磨炼自己	勤于学习思考与实践
	自律自省	自律胜过他律
		防微杜渐
		时刻自省
	活在当下	不畏惧将来，不悔恨过往
	要有容人之量	能容人，能容言
3. 团队管理者的职责和使命	育人为第一要务	培养人比做业绩更重要
		识别“伯乐”的方法
	管理的最高境界是无为而治	华为对干部的要求给我们的启示
二、团队管理必须要落到实处		
1. 没有亲历实践和深刻反思就没有发言权	流行的未必就是好的	适合自己的最重要
	中国的管理培训必须能落地才行	实践才能出真知
2. 团队管理一定要务实	一个团队要有规划、有预期	团队领导要带领他人实现梦想
	团队管理的核心	结果导向及有实现结果的方法
	有持久的凝聚力	发现那些爱好相同的人
3. 团队文化是一种能力，一种习惯，一种态度	指导原则	多数失败起因于急切
		轻率的否定不可取
	团队文化是能力、态度和习惯	从行动中体现
		从细节中体现

4. 团队模式进化与发展	网络影响下的新团队模式	分布式生态系统
	团队模式的“革命”	团队新模式实现了自我进化
		团队新模式是服务式管理
5. 团队管理的关键维度	团队构成五要素	为数不多的成员
		互补技能
		拥有共同的目标
		共同的工作方法
		相互承担责任

第一节 ┃ 领导者是团队的魂

管理者作为团队的首脑，需要对团队具有掌控力。掌控的程度越深，对工作展开越有利。

带团队的人都会想一个问题："我该怎么做才能增强自己对团队的掌控力？"于是就产生了许多方法与理论。面对各种管理书籍和纷繁多样的管理方法，大部分的中层管理者有一个相同的困惑：哪一个才是有效的，我该选择哪一个？我要怎样才能成为一个真正的领导者？

"团队"这个词汇本来也是一个舶来词，斯蒂芬·罗宾斯于1994年首次提出"团队"的概念并定义：为了实现某一目标而由相互协作的个体所组成的正式群体。换句话说，团队不再是针对某一个个体，而是把一个组织、一群人看作一个单位。这就要求团队管理者看待问题时要有高度和广度，避免"只见树木，不见森林"。

帮助或指导管理者提高自己，实际上说的是一个人的思想境界、格局和能力。这句话务虚的成分还是占较大比例的。但是，我们既然在这里用这样一个标题来陈述，我就希望把这个话题变得更加务实。必须明确的是，指导他人成长是一个循序渐进的教育过程，细节的影响和引发的感悟才是这种教育的本质，领导人物的坚韧与行事风格都是引发下属崇拜和效仿的教育行动，我没有办法让读者朋友都在我的课堂上进行交流，那么我就需要在书里，用文字的形式通过案例和陈述帮助大家转换思维。

在一个组织里，领导者的人生格局和思想深度是影响团队最根本的要素！有句话说："跟什么人学什么样"，说的就是这个意思，这句话等同于“近朱者赤，近墨者黑”的含义。

再进一步，领导者的个性特质会影响团队行事风格，就比如李云龙带的兵和赵刚带的兵肯定在气质上就不同（李云龙、赵刚是电视剧《亮剑》中的人物）。同样地，我们也发现放牛娃出身的皇帝朱元璋治理国家，用的是对官员严格要求的手段，而贵族出身的唐朝皇帝李世民则更多地和他的智囊文官们探讨治国之道。这两个朝代就好像两个企业团队，领导者的境界、思想和格局直接导致了团队文化的不同。而这种不同恰恰可以归因于一个相同的要素，那就是“人”。

关于这一点，我们该如何去理解呢？众所周知，我们身边有个很重要的信息源——电视，这个电子产品对个体发展的影响是显而易见的，回想一下现在电视里面的节目，你会发现，它们的影响力是巨大的。在笔者看来，电视剧大概可以分为两类：情节剧和历史剧，情节剧加重了观众行为模式的反应性特征，（一般）观众容易变得更加浮躁，小气，缺乏耐心，斤斤计较。根据一个简单的故事编写的电视剧多属有情无理，过于关注生活中的得失，促使人们过于关注日常琐事，活得越来越累；而历史剧则是从大跨度上引导人们了解事态轮回，争来斗去的结果都是一场空，从历史的结局和宿命中悟得真理大道，从而启示人们思考人生的意义与价值。那些名著之所以意义深刻并能受到广泛认同，根本原因在于其帮助人们悟透了人生的道理。

在企业里，团队带头人的行事风格和人格魅力会极大程度地影响团队成员，并形成相应的团队文化，站在团队建设的角度看，团队领导者的日常行为与思维习惯，等同于每天播放的电视剧，它时刻都在影响团队的其他成员。所以我们必然需要管理干部具备高境界、大格局、真本领。

当然，我在这里并非要求管理者成为“完人”，但这是我们的努力方向。

一、如何理解企业中层的高境界、大格局、真本领

境界带来格局，格局影响境界，境界格局最终都要体现到本领上，三者是一个密不可分的整体，相互联系、相互促进，有着丰富的内涵要求。

1.关于高境界

境界是人们在修养、学识和道德上所能达到的高度和水平。具体而言，就是有清晰的职业理想和坚定的使命感。知道自己为什么工作、为谁工作，有清晰的立场和处事原则。

案例54

日本的“经营之神”稻盛和夫

日本的“经营之神”稻盛和夫（稻盛和夫被誉为日本“经营之圣”，创办了京瓷和KDDI电信两家世界500强公司，并用1年时间把濒临破产的日航做到全球最优秀的航空公司之一，创造了世界经营史上的奇迹）有一段名言：只有把员工的幸福放在第一位，大家团结一心，经营者与员工的心灵产生共鸣，企业才能走出困境，才能获得健康发展。我坚信，一个公司无论规模多么大，只要建立起员工心有所属的平台，就可以释放全体员工的地头力，公司就可以持续拥有竞争力了。

从这句话可以看出，稻盛和夫把员工的成功及其家庭幸福当作自己的最高目标。他很清楚自己是为了什么在工作，为谁在工作。

1959年稻盛和夫创立京瓷公司时，只有28个人。第二年招聘了10个员工，他们都是高中毕业，这在当时已经是最好的员工了。可是在工作了1年后，这些员工突然跑到稻盛和夫那里要求改善待遇，还写下了血书，如果不能保障他们的未来，他们就辞职！稻盛和夫只能坐下来，将心比心地跟这些员工谈话，据说谈判持续了三天三夜，最后稻盛和夫把刀子往桌上一拍说："我要用我的生命做赌注，为了大家过上好日子我会去维护好这个公司。如果我是为了自己的私心杂念而经营公司，你们可以砍死我！"最后，大家信服了他。

稻盛和夫在这件事后苦思冥想了几个星期，终于想通了：年轻员工是把自己的一生托付给了公司，所以公司的首要目的就是要保障员工及其家庭的幸福。自己作为领导人必须带头为员工谋幸福，这就是自己的使命啊！从此以后，稻盛和夫把追求员工及其家庭的幸福作为公司第一目标。位列第二的目标是协作商的员工及其家庭的幸福，第三目标是客户，第四目标是社区，第五目标是股东。这个目标序列，很大程度上代表了稻盛和夫究竟要在公司打造一个什么样的文化场域。

当一个企业的领导人已经不是为了自己的个人目标奋斗，而是为了这个集体，他就是这个集体的代表，他就是这个集体的代言人。当他的奋斗目标是集体的幸福，是每个人的幸福，自然就会带来员工的幸福感和满意度，进而产生凝聚力和向心力，这正是公司的无形资产，更是公司最重要的核心竞争力。

稻盛和夫曾说，我一向对自己的员工坦言：京瓷这家企业就是为了能够让包括我本人在内的所有成员都获得身心两方面的幸福而存在的。因此京瓷也就必须成为一家能够确保高收益的、在遇到任何危机时都无须靠解雇自己的员工来渡过难关的企业。如果无法做到这一点，那么也就无从保证企业员工身心两方面的幸福。为了实现这个目标，我自己首先做到了身先士卒，拼命工作。如果你们大家都想要让自己的生活获得保证，确保自身的幸福，那就请向我学习。

如果有人对此感到无法接受的话，那就请立刻辞职离开。为了让所有员工都能够获得幸福，大家就必须要与我一道，同舟共济，共同努力！

2.关于大格局

格局是一个人的人格、品格、胸襟、胆识等因素的内在综合。

格局大者，胸怀家国天下，始终能够关注大众的利益，充满正能量。作为管理者，其格局体现为把集体的利益摆在自我利益之前。

任正非在很早就告诉华为人，未来世界通信领域三分天下，华为必有其一。在他的引领下，华为始终重视应当让员工获取应得的回报，并且提出“不让雷锋吃亏、不让焦裕禄身体被累垮”的口号。此类目标如果只是说说，那每个人都会。可是要想真正做到，就不容易了——要为企业规划理想和价值观，要建立人才培养和业务管理的体系和制度，要把薪酬机制做到公平合理。为了实现这个目标，任正非带领华为人走产品研发的道路而不是去赚快钱，他学习西方的先进管理经验并落实为制度，成功后，他仍然能保持谦虚谨慎的态度。这不就是企业管理者的大格局吗？反观那些格局小者，心中只装着自己的“五斗米”，自然就会重私利、轻公义，甚至贪赃枉法、损公肥私。近期频频出现企业高管贪腐受贿的行为就是明证，只考虑自己的利益必然会在公义和私利之间作出错误选择，下场悲催也是意料之中的结局。

我们号召管理干部要有大格局，其实就是自觉地把自己的工作放到大局中去思考、定位，并能把握时代和产业大势，顺势而为。

3.关于真本领

企业管理者的真本领，来源于专业精神——干一行爱一行，钻一行精一行，做到专心、专注、专一。

专业能力，就是有解决问题、攻坚克难的专业思维、专业知识和专业方法。

案例55

吸管大王

在中国的义乌，有一个世界闻名的“吸管大王”——楼仲平。他的企业生产的双童牌吸管占据世界吸管份额的9成，是名副其实的世界第一。

楼仲平决心做吸管行业时，很多人并不看好。起初楼仲平也不敢投入太多的资金，只买了几台二手的生产机在家里做，但他注册了商标，还跑出去发展了国外的客户，让这个吸管小生意渐渐稳定了下来。

后来市场波动，很多小吸管厂几乎倒闭，楼仲平却凭借着自己积累到的客户而没有受到太大的影响，反倒是以低价收购了很多的小吸管厂，轻松地扩大了自己的规模。

真正为楼仲平的生产理念奠定基调的是一次日本之行，他和客户一起到日本优秀的筷子生产厂去学习，虽说日本生产筷子的技术不是非常先进，但是筷子的质量好，而且精致，所以就算是售价高，也为顾客所接受。楼仲平就有了这样的体会——越是小的商品，就越要注重其质量和创新，不然根本就没有任何的识别度，顾客没有一定要买你的商品的理由。于是楼仲平开始在吸管的研究和生产设备上投入大量资金，从技术入手，打造独一无二的品牌，正是这一次决策让双童吸管彻底崛起，吸管的质量提高到了国内顶尖的水平，他们设计出的艺术吸管更是受到高端市场的喜爱，普通的吸管卖6厘一根，而这种艺术吸管直接卖到了1毛，并受到疯抢。

楼仲平认为中国的制造业在不断崛起，因为国家和制造商们开始更加注重工匠精神，作为创业者更应舍弃掉浮躁，精心钻研，就算是一根小吸管也能研究出花来，在一个领域钻下去，就会有成绩。

二、如何做到高境界、大格局、真本领

管理者的高境界、大格局、真本领不是与生俱来的，也不会凭空产生，而是靠学习实践、总结反思、不断提升和不断历练出来的。

1.要有高尚的理想和追求，养成宽阔的胸襟和眼界，以及愿意为他人服务的品质，成为有信仰、有追求的人。

马云取得了商业领域的巨大成功，这与他的眼界和胸襟是分不开的。

案例56

马云卸任CEO演讲（节选）[①]

……

我们是非常幸运的人，我其实在想10年前的今天，是“非典”

① 阿里巴巴董事局主席马云2013年“淘宝十周年”晚会演讲。

在中国最危险的时候，所有人都没有信心，大家不看好未来，但阿里十几个年轻人相信10年以后的中国会更好，10年以后，电子商务会在中国受到更多人的关注，很多人都会用。但我真没想到，10年以后，我们变成了今天这个样子。这10年无数的人为此付出了巨大的代价，为了一个理想，为了一个坚持，走了10年。我一直在想，即使把今年阿里巴巴集团99%的东西拿掉，我们还是值得的，今生无悔，更何况我们今天有了那么多的朋友，那么多相信我们的人，那么多坚持的人。

其实我自己也在想是什么东西让我们有了今天，是什么让马云有了今天，我是没有理由成功的，阿里也没有理由成功，淘宝更没有理由成功，但我们今天居然走了这么多年，并且依旧对未来充满理想。其实我在想是一种信任，在所有人不相信这个世界，所有人不相信未来，所有人不相信别人的时候，我们选择了相信，我们选择了信任，我们选择相信10年以后的中国会更好，我们选择相信我的同事会做得比我更好，我相信中国的年轻人会做得比我们更好。

……

我从没想过在中国，大家都认为这是一个缺乏信任的时代，你会从一个你都没有听见过的名字，闻香识女人这样人的身上，付钱给他，买一个你可能从来没见过的东西，经过上千上百公里，通过一个你不认识的人，到了你手上。今天的中国，拥有信任，拥有相信，每天2400万笔淘宝的交易，意味着在中国有2400万个信任在流转着。

……

你们在建立一种新的信任，这种信任让世界更开放、更透明、更懂得分享、更能承担责任，我为你们感到骄傲。

今天的世界是一个变化的世界，30年以前，我们谁都没想到今天会这样，谁都没想到中国会成为制造业大国，谁都没想到电脑会深入人心，谁都没想到互联网在中国会发展得那么好，谁都没想到淘宝会做起来，谁都没想到雅虎会有今天。这是一个变化的世界，我们谁都没想到，我们今天可以聚在这里，继续畅想未来。

……

我荣幸我是一个商人，今天人类已经进入了商业社会，但是很遗憾，这个世界上商人没有得到他们应该得到的尊重，商人在这个时代已经不是唯利是图的时代，我想我们跟任何一个职业，任何一个艺术家、教育家、政治家一样，都在尽自己最大的努力，去完善这个社会。14年的从商，让我懂得了人生，让我懂得了什么是艰苦，什么是坚持，什么是责任，什么是别人成功了，才是自己的成功。我们最期待的是员工的微笑。

……

希望这家公司走远走久，那就是去解决社会的问题，今天社会上有那么多问题，这些问题就是在座各位的机会。如果没有问题，就不需要在座的各位。

……

这世界上每个人做好自己那份工作，做好自己感兴趣的那份工作，已经很了不起，除了我们一起努力工作以外，完善中国的环境，让水清澈，让天空湛蓝，让粮食安全，我拜托大家！（马云单膝下跪）

2.要在工作中找到意义感，这样才能享受你在事业和奋斗中得到的幸福和快乐。管理者或者企业需要为员工制定一个目标，这个目标本质上就是全体成员内心追求的形式和意义。

从组织管理的角度看，团队成员渴望实现有意义的目的，这种目的是一种远见，比具体目标要宽泛。有效的团队具有一个大家共同追求的、有意义的目标，它能够为团队成员指引方向、提供推动力，让团队成员愿意为它贡献力量。

曾经让国内媒体人趋之若鹜的凤凰卫视，它是靠什么吸引了大批顶尖媒体人的加盟？是靠薪水吗？肯定不全是，在笔者看来，是因为它给了这些知识分子更大、更广阔的自由空间。

可仅仅是个体在组织追求中体悟到动力还不够，作为组织，追求的是全体成员的精神认同和行为一致，这就需要以精神追求的引导和行为的约束来实现这个目标。下面，我们以阿里巴巴的文化和价值观为样例，看一下该如何把企业的追求从形式到意义投射到员工的内心中。

案例57

六脉神剑价值观解读

使命：让天下没有难做的生意

愿景：阿里巴巴的数字经济体愿景

- 活102年：我们不追求大，不追求强，我们追求成为一家活102年的好公司。
- 到2036年，服务20亿消费者，创造1亿就业机会，帮助1000万家中小企业盈利。

价值观：六脉神剑

第一剑：客户第一，员工第二，股东第三

诠释：

- 这就是我们的选择，是我们工作的优先级。

- 只有持续为客户创造价值，员工才能成长，股东才能获得长远利益。

行为描述：

- 心怀感恩，尊重客户，保持谦和。
- 面对客户，即便不是自己的责任，也不推诿。
- 把客户价值当作我们最重要的KPI。
- 洞察客户需求，探索创新机会。

第二剑：因为信任，所以简单

诠释：

- 世界上最宝贵的是信任，最脆弱的也是信任。
- 阿里巴巴成长的历史是建立信任、珍惜信任的历史。
- 你复杂，世界便复杂；你简单，世界也简单。
- 阿里人真实不虚伪，互相信任，没那么多顾虑猜忌，问题就简单了，做事情也因此高效。

行为描述：

- 诚实正直，言行一致，真实不虚伪。
- 不媚上欺下，不抢功甩锅，不能只报喜不报忧。
- 善于倾听，尊重不同意见，决策前充分表达，决策后坚决执行。
- 敢于把自己的后背交给伙伴，也能赢得伙伴的信任。

第三剑：唯一不变的是变化

诠释：

- 无论你变不变化，世界在变，客户在变，竞争环境在变。
- 我们要心怀敬畏和谦卑，避免“看不见、看不起、看不懂、追不上”。
- 改变自己，创造变化，就是最好的变化。

- 拥抱变化是我们最独特的DNA。

行为描述：

- 面对变化不抱怨，充分沟通，全力配合。
- 针对变化中产生的困难和挫折，能自我调整，并正面影响和带动同事。
- 在工作中有前瞻意识，建立新方法、新思路。
- 创造变化，带来突破性的结果。

第四剑：今天最好的表现是明天最低的要求

诠释：

- 在阿里巴巴最困难的时候，正是这样的精神，帮助我们渡过难关，活了下来。
- 逆境时，我们懂得自我激励；顺境时，我们敢于设定目标。
- 面向未来，不进则退，我们仍要敢想敢拼，自我挑战，自我超越。

行为描述：

- 认真踏实，完成本职工作。
- 保持好奇心，持续学习，学以致用。
- 不为失败找借口，只为成功找方法，全力以赴拿结果。
- 不满足现状，不自我设限，打破“不可能”边界。

第五剑：此时此刻、非我莫属

诠释：

- 这是阿里第一个招聘广告，也是阿里第一句土话，是阿里人对使命的相信和“舍我其谁”的担当。

行为描述：

- 独立思考，独立判断，不随波逐流。

- 工作中敢于做取舍，敢于担责任。
- 打破边界，主动补位，坚持做正确的事。
- 在需要的时候，不计较个人得失，挺身而出，勇于担当。

第六剑：认真生活，快乐工作

诠释：

- 工作只是一阵子，生活才是一辈子。
- 工作属于你，而你属于生活，属于家人。
- 像享受生活一样快乐工作，像对待工作一样认真地生活。
- 只有认真对待生活，生活才会公平地对待你。
- 阿里因你而不同，家人因你而骄傲。
- 我们每个人都有自己的工作和生活态度，我们尊重每个阿里人的选择。
- 这条价值观的考核，留给生活本身。

3.以学习和思考来提升自己，以实践来磨炼自己。加强学习和思考，做到学思结合，这是管理者提升自己的重要手段，也是不断提高自身境界、格局和本领的重要途径。

把自己放在实战中去锻炼，如果在工作中不当几回“热锅上的蚂蚁”，没有经历过让人挠头的事情，就不会有明显的进步。

华为公司提出要在战火中锻炼战士，这个观点笔者是认同的。笔者分享自己的一个亲身经历，当年，作为一名技术工程师，我们在公司经过短暂的基础培训后，就被“丢”到项目上去了，其实那个时候心里是真的没底，到了现场更是不知所措，代理商和经销商都把你当作专家，对你非常重视、非常尊重。作为一个新人，我的压力大极了，看到那些不了解的设备和不懂的技术问题也不敢说自己不会弄，所以就编个理由说我晚上来弄，然后回到房间里拼命查资料，然后再给老技术人员打电话或者通过网络和他们沟通，各种手段都用上了，最后到了晚上还真的就搞定了，那个高兴的劲头就不必说了。反之，如果你搞不定，你不光丢了公司的脸，还丢了自己的脸。实际上，我在经历了第三个项目的时候，就俨然像是一个老技术人了。人的潜能是无限的，只要把你逼上去，你就会咬牙把事情做完，而往往在事后想起来，你会特别有成就感。不仅仅是技术工作，实际上很多事情道理都是相通的。这就是为什么我们经常见到那些经历丰富的资深人士会告诫年轻人说，对你严格要求的那个领导才是真的好领导，因为没有他逼你，你的潜力就不可能被激发出来。一般来说，顺风顺水的环境才最不容易出高手。

4.严格自律自省。管理者的格局境界，一个重要的方面就在于能不能严格自律、做到人前人后一个样。那么该如何才能做到呢？

一是严于律己。自律胜过他律。人有多自律就有多自由，要始终牢记“人最大的敌人就是自己”。

二是防微杜渐，自我批评，留心“小处”、注重细节、学会限制自己、善于克制自己，看工作、思想、言行等方面是否有苗头性的念想、行动，及时发现并改正不足，做到不放纵、不越轨、不逾矩。

三是时刻自省，要让自省成为一种自觉、习惯和修养，既总结经验、发扬优点，又反省错误、克服缺点，在不断反省中提高境界。华为公司是自我批判的典范，不断进行和坚持自我批判，从而确保了理念与价值观不变形，在庞大体量下依旧拥有强大的活力与凝聚力。任正非说：“自我批判的人，才能成大事！”“永远不要忘记自我批判，摩尔定律（当价格不变时，集成电路上可容纳的元器件的数目，每隔18—24个月便会增加一倍，性能也将提升一倍）

的核心就是自我否定。我们就是要通过自我批判、自我迭代，在思想文化上升华，步步走高，去践行人生的摩尔定律。”

四是活在当下。要把握好当下的事、当下的人、当下的时间，即仰望星空，脚踏实地，专心致志地把手头的事做好、把现在的事做好，不驰于空想，不骛于虚声，真抓实干，有所作为。

在企业里，中层管理干部就是以务实为主的，这就更加需要其能把握住当下，而不是高瞻远瞩，更要避免畏首畏尾，踏踏实实地做好手上的事才是正途。

印度诗人泰戈尔说“如果你因失去了太阳而流泪，那你也将失去繁星”。如果你总是因为过去而烦恼，忽视了当下的机遇，那么你未来会继续为现在而烦恼。

在简书上有几句话，说得很有道理，笔者把它放在这里，分享给大家。

人生态度

人生从来没有最晚的开始，有的人年少成名，有的人中年得道，有的人暮年有成。

美国艺术家摩西奶奶，至暮年才发现自己有惊人的艺术天赋，75岁开始学画画，80岁举行首次个人画展。最帅大爷王德顺，44岁学英语，49岁北漂研究哑剧，50岁开始健身，57岁创造“活雕塑”，65岁学骑马，70岁练成腹肌，78岁骑摩托，79岁上T台。

不要为自己设限。不去尝试，你就永远不知道人生有多少种可能。我们能做的就是要把握当下，把每一天过好，才能在厚积薄发和日积月累中展现出自己的价值。

五是要有容人之量。讲团结是大智慧，会团结是真本领。要容人之长，面对比自己突出的人要点赞支持而非妒忌打击；要容人之短，在维护原则的前提下对他人的短处有所包容；要容人之过，对待他人的过错要公正看待，不要将人“一棍子打死”。

另外能容言，善于听取不同的意见。要做到闻过则喜、从善如流那个境界的确不容易，但是我们朝这个方向努力还是可以的。

案例58

善听的领导人

本田宗一郎是日本著名的本田车系的创始人。他为日本汽车和摩托车业的发展作出了巨大的贡献，曾获日本天皇颁发的“一等瑞宝勋章”。在日本乃至整个世界的汽车制造业内，本田宗一郎是一个很有影响力的重量级传奇人物。

1965年，在本田技术研究所内部，人们为汽车内燃机是采用“水冷”还是“气冷”的问题发生了激烈争论。本田是“气冷”的支持者，因为他是管理者，所以新开发出来的N360小轿车采用的都是“气冷”式内燃机。

1968年在法国举行的一级方程式冠军赛上，一名车手驾驶本田汽车公司的“气冷”式赛车参加比赛。在跑到第三圈时，由于速度过快导致赛车失去控制，赛车撞到了围墙上。结果，油箱爆炸，车手被烧死在里面。此事引起了巨大反响，也使得本田“气冷”式N360汽车的销量大减。因此，本田技术研究所的技术人员要求研究“水冷”式内燃机，但仍被本田宗一郎拒绝。一气之下，几名主要的技术人员决定辞职。

本田公司的副社长藤泽意识到了事情的严重性，就打电话给本田宗一郎："您觉得您在公司是当社长重要呢，还是当一名技术人员重要呢？"

本田宗一郎在惊讶之余回答道："当然是当社长重要啦！"

藤泽毫不留情地说："那您就同意他们去搞水冷引擎研究吧！"本田宗一郎这才省悟过来，毫不犹豫地说："好吧！"

于是，几个主要技术人员开始进行研究，不久便开发出适应市场的产品，公司的汽车销售量也大大增加。这几个当初想辞职的技术人员均被本田宗一郎委以重任。

1971年，本田公司步入了良性发展的轨道。有一天，公司的一名中层管理人员西田与本田宗一郎交谈时说："我认为我们公司内部的中层领导都已成长起来了，您是否考虑一下该培养一个接班人了呢？"

西田的话很含蓄，但却表明了要本田宗一郎辞职的意愿。本田宗一郎一听，连连称是："您说得对，您要是不提醒我，我倒忘了，我确实是该退下来了，不如今天就辞职吧！"由于涉及移交手续方面的诸多问题，几个月后，本田宗一郎便把董事长的位子让给了河岛喜好。

三、团队管理者的职责和使命

案例59

无为而治[①]

作为高层管理者，思考怎样治理这个公司是很重要的。以前我

① 该篇文章发表于华为内刊《华为人》。

也多次讲过，只是这篇《无为而治》给我们画龙点睛，更深刻地说明了这个问题。我希望大家来写对这个问题的认识，这也是对你们职业素养的一次考试，考不好怎么办呢？考不好你还可以学习，我们是托福式考试，以最好的一次为准。学不好怎么办呢？学不好你还可以调整，你辞去高级职务往下走。因此要深刻理解公司制定三级、四级、五级干部任职资格标准的深远意义，我们坚持这个干部考核标准可能在相当长的时间内不会改变，每年大家都要提交述职报告，要填任职资格表格。2月我将主持把高级副总裁以上的组织评议做完，我认为要一次次刷新你们的思想，让你们理解公司对高级干部的要求。

我们要选一些填得好的任职资格表格、述职报告公开印刷，让下面人看看，让年轻人找到灯塔，找到目标，他也就掌握了标准，学会了做人。这次的作文当然也会全文发表。我和HAY公司顾问谈话时说过，过两三年后，公司管理规范了，华为要引入一批“胸怀大志、一贫如洗”的人进入公司，来激活沉淀层，不能让我们这些人，功成名就了就在这里过日子，这是不行的。我想强调一下什么是一个职业管理者的责任和使命。我们已经公布了高层干部任职资格评价标准（公司10号文件），《无为而治》这篇文章和公司10号文件是相吻合的，和我过去讲的许多要点也是吻合的，所以我想借这篇文章来测验一下大家对事物的真实认识。

第一点，我想强调一下什么是职业管理者的责任与使命。一个职业管理者的社会责任（狭义）与历史使命，就是为了完成组织目标而奋斗。以组织目标的完成为责任，缩短实现组织目标的时间，节约实现组织目标的资源，就是一个管理者的职业素养与成就。权力不是要别人服从你，而是要你告诉他应该如何干。因此，围绕组织目标的有效实现，个人所处的位置，承担的使命，应如何理解。怎样理解公司的组织目标的实现，我在《华为的红旗能打多久》上讲过，在历次很多讲话上都讲过，但大家都听不进去，今天就要考一次，你听不进去也要写。一个职业管理者职业就是实现组织目标，因此，实现组织目标不是他的个人成就欲所驱使，而是他的社会责任（狭义）无时不在给他压力。这就是无为而治的动机。为了实现组织目标，要有好的素养与行为，我希望大家重视对自己的定位认识，加强个人职业素养的提升。

第二点，我想谈一谈一个担任高层职务的职业管理者应有的心态和行为特征。华为曾经是一个"英雄"创造历史的小公司，正逐渐演变为一个职业化管理的且具有一定规模的公司。淡化英雄色彩，特别是淡化领导人、创业者的色彩，是实现职业化的必然之路。只有职业化、流程化才能提高一个大公司的运作效率，降低管理内耗。第二次创业的一大特点就是职业化管理，职业化管理就使英雄难以在高层生成。公司将在两三年后，初步实现IT管理，端对端的流程化管理，每个职业管理者都在一段流程上规范化地运作。就如一列火车从广州开到北京，有数百人搬了道岔，有数十个司机接力。不能说最后一个驾车到了北京的就是英雄。即使需要一个人去接受鲜花，他也仅是一个代表，并不是真正的英雄。

我们需要组织创新，组织创新的最大特点不是在于个人的英雄行为，而是要经过组织试验、评议、审查之后的规范化创新。任何一个希望自己在流程中贡献最大、青史留名的人，一定会形成黄河的壶口瀑布，长江的三峡，成为流程的阻力。这就是无为而治的必要性。

我上面说的仅针对高级管理者，我没有说基层不要英雄，炸碉堡还是需要英雄的。基层干部不能无为而治。不当英雄，你也无法通向中高级管理者，谁会提拔你呢？对基层干部我们的原则是呕心沥血、身体力行、事必躬亲、坚决执行、严格管理、有效监控、诚信服从。与高级干部标准反过来，形成一个对立统一的悖论。

第三点，已经付了报酬，按劳获得了待遇，“英雄”不应作为额外索取的名义。在职业化的公司中，按任职资格与绩效评价，付了报酬，已经偿还了管理者对职业化管理的贡献，个人应不再索要额外的“英雄”名义的报酬。为此，职业化管理者是该奉献时就奉献，而不是等待什么机会。

我们的价值评价体系也要学会平静。如果我们的价值评价体系只习惯热闹，那我们就会导致高层管理者的“行为英雄化”。

实现无为而治，不仅是管理者实现“从心所欲不逾矩”的长期修炼，更重要的是我们的价值评价体系的正确导向，如果我们的价值评价体系的导向是不正确的，就会引发行为英雄化。行为英雄化不仅仅会破坏公司的流程，严重的还会导致公司分裂。在这个问题上我认为高级干部的价值评价体系导向比个人修炼更重要。个人修炼当然也重要，但小草再怎么浇水也长不成大树，如果价值评价体系不正确的话，那我们的导向体系就错了，我们公司就永远发展不起来。

我们将逐步引入西方公司职业化的待遇体系，如工资、奖金、期权、期股……都是回到让职业管理者默默无闻、踏踏实实地工作上去。如果我们实现了这些，高层更不应成为英雄。这就是无为而治的基础。

在这篇讲话中，任正非提出了3个观点：一是作为一个职业管理者，要完成组织目标，必须具备好的素养和行为，这是无为而治的动机；二是作为一个高层管理者，必须淡化英雄色彩，淡化领导人色彩，这是无为而治的必要性所在；三是作为一个职业管理者，要淡泊名利，要心平气和，要有奉献精神，这是无为而治的基础。

无为而治是道家的基本思想，也一个极高的境界。无为而治的思想最先是老子提出来的。老子认为天地万物都是由道化生的，那么道的规律是什么呢？老子说“人法地，地法天，天法道，道法自然”。可见，道的最根本规律就是自然，即自然而然、本然。既然道以自然为本，那么对待事物就应该顺其自然，无为而治，让事物按照自身的必然性自由发展，使其处于符合道的自然状态，不对它横加干涉，不以有为去影响事物的自然进程。也只有这样，事物才能正常存在，健康发展。

华为作为一家快速成长的高科技企业，面对国内同行的激烈竞争和国际对手的围追堵截，它一定要考虑自己的生存和发展之道，而这绝不能依靠某一个或几个领导人，必须实现组织的自我更新和自我管理，也唯有如此才能立于不败之地。笔者以为，任正非追求的无为而治是通过机制和系统的确定性来应对未来的不确定性从而实现组织的自生长。

那对于企业里的管理者，你也要具备这样的思维和理念，因为这就是趋势，这就是那些在探索管理效能走在最前沿位置的先锋者最关心的事情，我们学习，就是要和这样的观点在精神上产生强烈共鸣，哪怕你所在的企业和你身边的人还无法理解。

管理者就是要带领团队和部门实现组织目标，这是基本原则，这个核心是不能变的。另外，高层干部需要营造出适合优秀人才成长发展的氛围，他的角色就是一个“服务员”，其责任就是辅助中基层员工走向成功。

第二节 ┃ 团队管理必须要落到实处

一、没有亲历实践和深刻反思就没有发言权

关于团队，很多人一谈到这个话题就说带团队就是带人心，说领导者要建设制度，说要给大家分股权，反正说得很抽象。笔者认为这些不过就是些变相的“鸡汤文”，说一些正确的废话，或者包装出来一些似是而非的经验之谈。苦的是这些“求知若渴”的读者，一方面想要成长，另一方面在开卷有益的方针指引下，付出了高昂的成本。笔者在企业工作的时候，算是爱看书的，可是看了很多书后发现，很多东西没法学，即使是从管理学科的产地舶来的“知名品牌”的内容，我们也还是会有距离感。后来我发现这其实是所有的新概念或者理论的一个普遍特点——它们是在西方形成和实践的结果，但在我们这片土地上却是新鲜的，或者说它们还没有真正地“接地气”。即使有人尝试并总结了经验，也多半是企业实践者，即企业家，而这些人的核心目的是带领企业成功，并非把这些应用经验分享出来。我们的社会环境注重的是有形的短期贡献，却忽略了更有价值的长期的无形贡献，所以我们的大部分实干家在分享经验的时候并没有更好的机制引导，这就造成了这样的后果——在中国绝大部分的成功无法复制，宝贵的经验难以传承。你看看那些真正有价值的书总是卖不好，而价值一般的书却总是上热销榜就知道了，我认同“曲高和寡”的规律，但是我更希望这个环境或者决策层能够做到让真正有价值的东西，让那些“高曲”成为被人们仰视的碑石，而不是沉淀到底层被泥沙掩埋。

基于以上观点，笔者要把团队管理的话题从云端拉到泥土中去，原因只有一个，就是让企业管理者的认知从“应该层”（应该层，就是很多书籍和课程里提出的都是你应该做什么和你应该怎么做，却鲜有提及具体的实践措施）下沉到“可以层”（可以层，就是笔者界定的一种教学和陈述层次，给出读者“可以这么做”的，可借鉴的参考动作），让读者不再感觉到总是“不够落地”“不够实际”。

二、团队管理一定要务实

我见过很多团队，基本没有“管理”。所谓管理，不是说有个老大管着你，指挥你做这个做那个，而是你这个团队是否有“目标”“规划”“预期”。

有些优秀员工“很有想法”，他会在开始的时候表现得很特别。在去某个公司面试的时候他会非常关注团队的“管理”，会提出一堆问题：你的团队是单纯的实现业务，还是有所规划？你理想中的团队架构是怎样的，人员如何分配？技术如何？规范如何？流程如何？现在有何不足，打算作何改进？……这些问题其实是对“管理”的拷问。一个有思路的管理者或者领导人，应该经得起这些拷问。而这些拷问，关注的主要就是你的团队是在健康成长、放养还是在原地踏步。进入没有方向的团队，即使是个人才恐怕在成长方面也不会有大的进步。

一个团队的领导者到底应该把时间和精力投注在什么地方呢？虽然对这个问题的看法不一而足——比如，有的人说要凝聚人心，但是没有方向的团结会导致集体的失望；有的人说要建立信任，但是没有发展的信任很容易变成小圈子的狭隘。所以，很多道理听上去似乎都很正确，但是实施起来，效果却总是差强人意，这个问题是非常值得深思的。

一个团队或者一个领导人能否得到群众的爱戴和拥护，不是看你是不是会笼络人心，也不是看你多么的刚正不阿、言行一致，真正的领导者是能够带领人们不断进步，实现梦想，过上好日子的。用比较时髦的说法就是能够引领人们实现人生幸福。

作为企业的管理干部，你需要做的就是为提升团队工作绩效出谋划策，用方法论指导全体成员高效并尽可能低成本地产出商业成果。我们以软件研发团队为例，你首先要带领团队实现代码规范（如ESLint方法），这是最基础的。定期进行代码review（审查），以及规范团队内的文档。

再就是方法规范，如何引入新技术？多人开发如何进行？如何保障代码可用性？如何保障发布安全？如何有效利用日志等，这些问题都需要形成方法论，用一套流程来保障。

以引入新技术为例，我们需要："调研试用—产出优劣报告—产出脚手架—多人回顾脚手架—分享+文档—新项目试验—问题总结分享—优化—全面投入使用"这样一个流程，过程中会要求一些产出，目的都是评估优劣，并形成一套规范，而不是随意引入一些不可控的技术。按照这个思路形成自己的一套规范，以实现落地分享和文档生成，跟踪执行。这就是规范管理的方法论。

再说一下流程规范，一个需求如何产生？如何评估其用户价值和可行性，如何进入开发环节？如何排期？是否有完善的项目管理流程？测试发布如何进行？一个团队的开发如果是乱哄哄且没有标准秩序，开发会很累，效率也低。从开始对需求的把关到产品经理的把关；从交互视觉的把关到技术方案排期评估，再到联调跟进测试发布。这个流程需要管理。这些正是团队负责人最应该投入精力的。规范流程的最终目的：一方面可以提高开发效率；另一方面确保团队开发的整体能力提升和效能提升，降低不确定性的影响。

案例60

在工作中锻炼成长

孙老师：您好，我是公司研发部经理，在听完您的课程“从技术走向管理”后，我觉得很多问题都清楚了，很多困惑的问题也有了处理的方法，整体说来，我的管理压力不那么大了。您要求我们提交作业，总结自己在工作中带领员工和团队成长的一个小案例。现在我把一个小事例发送给您，希望得到您的指导。

我们团队曾经有一个任务——开发公司公用组件。这个事情我没有让负责架构的同事去做，我将人员分为两组：架构组和业务组。架构组负责制定组件规范，制定脚手架，把关代码质量，出标准组件的实例，推动计划进行等。业务组负责根据架构组的周边和规范分工实现组件。

我为什么这么做呢？因为这样的分工可以促使员工做成两件事情：架构组发挥其作用让事情朝着正确的方向前进；业务组的每位员工都能知道一个标准组件是怎样产出的，都了解npm①是如何管理组件的，组件的周期维护是如何的，更重要的是，通过严格的回顾，以制度来让大家共同成长。

在我看来，每一个成员都有对团队的期望：

① npm，全称为 node package management，是 nodejs 内置的软件包管理器。

- 他们希望工作有挑战，有机会接触各种问题并通过解决问题积累经验。
- 他们希望获得他人的认可，而不是被当作工具。
- 他们希望看到更大的发展空间，并对自己有清晰的定位。

于是，我总结我这么做事的意义有三点：首先，我让大家共同成长；其次，大家各司其职，找到自己在整件事情中的价值定位；最后，事情本身推动了团队的开发效率，这是其最基本的价值。

提到团队管理必然要提到你为什么要加入这个团体，或者再深入一层，你为什么选择了这个工作？肯定有读者会说，这个问题和团队有关吗？

有关！

团队是由个体组成的，你的所有管理措施都要落实到个体上，所以虽然谈团队是一个整体，但这些都需要通过影响每个个体来实现。

还是以技术团队为例，一些人是为了糊口，一些人只是不知道自己能做什么，而还有一部分人则是因为好奇心，对未知领域的探索，用技术来做很多神奇的事情，例如炫酷的动画、人工智能、游戏、物理引擎、漂亮惊艳的页面……想想你是不是因为这些而义无反顾地加入编程大军的？如果是这样，你就是可以坚持下来，或者说你更容易找到那些和你志趣相投的人。

有些人在做技术一段时间之后，会开始迷茫，我觉得这时候回过头去看看你的初衷非常重要。如果你的初衷是平庸的，那可能你不会在一条路上坚持下来。如果你的初衷很明确，是用技术探索应用价值，那你就能够坚定和乐观。

带领团队都希望能够和谐愉快，团队成员的志趣爱好同样也很重要，我经常在面试的时候去探询对方对于学习的热情。比如，问对方“你业余时间会做些什么跟技术相关的事情”，然后得到的回答，通常是“看书”“看论坛”“看源码”。其实这就是敷衍的回答。

这些只是一个程序员最基本的一些学习方法，其实我想知道的是你是如何“持续学习”的——当你看过一篇文章之后，对于其中涉及的一些知识点，你如何去强化？如何去实践？甚至如何将其引入工作中来？你的工作或者是项目都做得平平无奇，那你看书看论坛都是在看什么呢？看了之后又解决了什么问题？遇到技术难题的时候，你是如何做的？如何判别一个解决方案的正确性？如何一步步分析问题？如何排除故障？然后，解决问题之后，你做了什么思考？你的知识面是否有问题，需要系统补充哪个方面的技术点？你是否研究了它周边的知识？写一篇博客备忘，顺便分享给网友？这里又涉及知识管理的方面。总之，每次遇到问题其实都是一次对你的知识面的扩充时机，最终这些都会变成你的经验。在工作多年之后，这些潜移默化学到的知识让你能够快速对一个问题作出判断，会在你脑海中形成一套体系，帮助你快速分析和解决问题，不管你的方向是架构师，还是业务领导，都需要这些能力。我在你谈这些的时候，就能够判断你的工作方法和态度，而这也是我看到你个人未来前景的依据。

其实在这里说的东西是我对学员普遍存在的问题的总结，甚至算不上是经验的分享。但是如果都等着那些结论被证实了再谈，现实条件又不允许。我见过许多教授和知名人物，他们往往都愿意亮出大师的观点和某大公司的理论模型，这样做固然不能算不对，但是你没有自己的观点和实践经验，还不如告诉大家去看书。当然有太多的人不看书、不学习，这也是“大师”到处存在的原因之一。

在笔者看来，要想真正地做好事情，研究者就必须深入“田间地头”去搞调查研究，而不是“坐而论道”，用一些自己都没验证过的思想或者空洞的道理去博取声名。

把工作执行做到位这句话需要的是行动，否则就是务虚，我们很多干部都是从一线岗位上提拔起来的，他们行动力强，但是不善于抽象和总结，团队到了一定阶段之后，一定要有目标和方法论，否则就难以摆脱原始的行军状态，大家都会迷茫，内耗也会非常高。

三、团队文化是一种能力，一种习惯，一种态度

组织文化理念的落地是一项系统工程，需要时间进行积累，通过处理事情进行磨炼。文化的建设也就是习惯的养成，一蹴而就和即时见效的念头是大忌。现实中大部分人有急于求成的心态，所以常见的情形是接触了一个好的理念或方法后急于实施，但在开始的3分钟热度后却发现还有很多问题存在，于是就开始怀疑方法的可行性并质疑自己的正确性，轰轰烈烈地开始，不了了之地结束。这种缺乏坚持与延续的做法若干次后就形成一种认知：书上的理论与专家的意见都是虚的，很难应用到实践中去，然后以一种历尽沧桑的口吻告知后来者，这些东西都是忽悠人的。

案例61

“不急切”的人力资源经理

笔者曾在国内某知名企业进行为期10天（每个月后2天集中培训，时间跨度是5个月）的培训。因食堂就餐时段人员集中，培训班的休息时间进行了调整。当员工准时下班从车间走出来去食堂的

时候，我们（培训班的学员们）已经从食堂出来了。可以想象上千人从车间涌出奔向食堂的场景：宽8—10米的路上基本被人群占满，员工们并没有为我们这些“逆行”的人留出通道，于是我们只能左右闪躲。该企业人力资源总经理说了这样一番话：“孙老师，您看到我们员工现在的状况了吧，等您明年来我们公司，我有信心让大部分人靠右走。”

案例给我们的启示并不难理解——急切，正是我们屡战屡败的根源所在，或者说，是大多数人在效率上难入佳境的最大障碍。

大部分人在行动前根本没有进行充分且深入的思考。因为过往的经验告诉我们：“行动出真知”“摸着石头过河”，意思就是说在行动中逐步摸索解决方案是可行的。

这个方法是不是不好？当然不是！

那为什么效果不佳呢？

你要注意，任何一个结论都是针对某个应用情境的。

组织的指导思想需要提前规划，这个原则来源于价值观。但是这个价值观的提炼最好能在行动前明确。马云很早就多次提及：让天下没有难做的生意。这句话很有深意：首先，阿里巴巴提供的是一个企业间电子商务平台，降低了交易成本、提高了效率；其次，这句话表明了员工工作的价值就是提供相关服务，降低交易的难度。

没有规划好是不是就不能采取行动？当然不是。但能提前规划好是上策。还有一个办法就是需要不断总结，把组织成员共同认可的理念进行整理提炼，逐步落实。当然，这需要有一个熟悉企业文化、拥有战略高度且善于总结和提炼的人才能把这件事情落实下来，这正是大部分企业缺少的。

团队文化是一种能力，一种习惯，一种态度。

组织文化中经常提到的是“以人为本”“忠诚”“关爱”，但是我们往往没有把这些融合到行动中。

组织倡导某种精神的时候，往往流于肤浅。譬如勇敢，什么才是勇敢，是视死如归，还是迎难而上？

勇敢是在困难和威胁中坚持正义、甘愿面对风险的态度，但是对风险的把握、对斗争胜算的设计、行动策略的采取应该贯穿始终。勇敢是对正义的选择，而不是简单的行动风格。当然有时无暇思考便挺身而出的行为与上述逻辑并不冲突，只是你在瞬间作出判断的能力不同。司马光砸缸的故事很多人都知道，当时有3个解决方案：第一，跳下水缸救人；第二，寻找器物或者找大人来帮忙；第三，用石头砸破大缸。很多人都认为这个故事说明司马光的机智，可这里也隐含着深刻的道理，在过去即使富家子弟也被教育要节俭，所以家里的大缸一定属于贵重之物，为救人敢于砸缸也是需要勇气的，难道别的孩子没想到这个办法？不是的，也许其他孩子一闪念就把这个方法否决了。但司马光却采取了行动，这也就是需要做一个判断：缸与孩子的命，哪一个更重要？这还需要一个判断：救人不能拖延！他冒险（承担个人责任）的价值就是赢得了时间。组织中很多管理者在关键时刻没有采取行动“砸缸”，而是去请示，这就贻误了时机。

企业文化建设不是玩表面文章，也不是做给人看的。优秀的企业文化是渗透到方方面面的细节中的。

我们可以从阿里巴巴的企业文化描述中寻找到一点可以借鉴的影子。

阿里巴巴的使命：促进“开放、透明、分享、责任”的新商业文明。

- 开放：打造开放、协同、繁荣的电子商务生态圈
- 透明：阿里味儿（有话直说的团队文化）
- 分享：分享数据的第一平台
- 责任：活102年

四、团队模式进化与发展

案例62

新团队形式

2006年，一家通过租用传统DVD影片发迹的网站netflix（奈飞）宣布了一个消息：他们将举办一次大赛，第一个能够将该网站影片推荐效果提升10%的团队将会获得100万美元的奖金。消息刚一公布，世界各地的团队无不踊跃参与，纷至沓来。最终，历经3年时间，前后180多个团队的较量，一支名叫“BPC”的团队率先突破障碍，以10.06%的改进效果获得了这份百万大奖。

他们获胜的高明之处在于考察了用户评级数据中的时间和“频率”，因为用户在为影片打分时往往带有情绪影响，而情绪是与时间有关的。另外，用户的口味也会随着时间的变化而变化。他们对比了一位用户5年之前的打分和他最近的打分，肯定他最近的打分更为准确地反映了他当前的好恶标准，在决定他明天可能喜好哪些电影时所起的作用更大。于是BPC团队就研究用户评分的结果与他们打分的时间以及频率之间的关系，建立了相关性模型。比如，用户在周一和周五打分时所用的标准有差异，有些用户在周日的情绪最好，

这时所打的分数比平时要高。通过这样的分析，他们能更精确地发现用户对电影的喜好，进而对他们打分的规律预测得更为准确。

更有意思的是，这个团队的7个成员分别来自奥地利、加拿大、以色列和美国，他们的职业身份分别是电脑工程师、统计学家和人工智能专家。他们之前没有见过面，只是通过互联网合作，在领奖台上才是第一次真正面对面握手相见。

这个团队的出现，完全颠覆了人们对于“高效团队”的传统认知。这些人彼此之间不熟悉，甚至不认识，但是他们都能各展所长紧密配合，做到了一个团队协同的最高境界。而他们彼此联系的工具就是网络。

这就如同凯文·凯利在《失控》中所提及的那样，在网络社会，人类的思维模式将进化为网状思维模式，就如同蜂群和蚁群。

先看蜂群思维，它的神奇之处在于：没有一只蜜蜂在控制它，但是有一只看不见的手，一只从大量愚钝的成员中涌现出来的手在控制着整个群体。

蚂蚁也拥有蜂群思维。我们能够发现，当一群蚂蚁用嘴拖着卵、幼虫和蛹拔营西去的时候，另一群热忱的工蚁却在以同样的速度拖着那些家当掉头东进，同时还有一些蚂蚁也许是意识到了信号的混乱与冲突，正空着手一会儿向东一会儿向西地乱跑。不过，尽管如此，整个蚁群还是成功地转移了，在没有上级作出任何明确决策的情况下，蚁群选定了一个新的地点，发出信号让工蚁开始建巢，然后开始进行自我管理。

早在1901年，作家莫里斯·梅特林克提出了这样的疑问：这里由谁统治，由谁发布命令，由谁预见未来？古典学派自然哲学家和昆虫学家威廉的回答解决了人们的疑惑——蜂群的灵魂是由蜂群选择的。

在凯文·凯利的理论中，蜂群蚁群被称为超级有机体，它具备这样的特征：

- 没有强制性的中心控制；
- 次级单位具有自治的特质；
- 次级单位之间彼此高度连接；
- 点对点间的影响通过网络形成了非线性因果关系。

在当今，类似这种蜂群系统的有：电脑网络、大脑神经元网络、动物的食物链、比特币和现在的公链都是一样的。每个系统在组织上都汇集了数以千计的自治成员，自治意味着每个成员要根据内部规则以及其所处的局部环境状况作出各自的反应。

这些自治成员之间彼此高度连接，但并非连接到一个中央枢纽上，它们组成了一个对等网络，由于没有控制中心，人们就说这类系统的管理和中枢是去中心化分布在系统中的，与蜂巢的管理形式相同。

未来的公司形态会不断地演化，去中心化的分布式，强化合作，适应变化，直到彻底地被网络化。终极公司的形式将会变得与生物体相同，无缝地集成到生态圈中，成为其中的一个环节。在这个思路影响下，笔者想到一个企业，极具代表性，这个公司的模式就很接近这里我们所说的分布式系统。

谈及知名的快时尚服装品牌，很多人脑海中会蹦出ZARA、H&M等一连串耳熟能详的品牌名字。然而在线上“王国”，独领风骚的非韩都衣舍莫属。2014年，韩都衣舍一举夺得天猫女装“双十一”“双十二”以及全年女装交易额的“三冠王”。它是怎么做到的，它的商业模式有什么特别之处呢？

线上的服装品牌韩都衣舍由赵迎光于2008年创立，初创时年销售额300万元，团队40人，到2014年，两个数字已分别增至15亿元，2600人。这背后就是韩都衣舍花数年时间摸索出的“以小组制为核心的单品全程运营体系”。还有就是它的多品牌战略。一个线上服装品牌要做到百亿元，究竟需要多少子品牌，四五个还是四五十个？赵迎光的判断是后者，他提出韩都衣舍的多品牌经营战略——打造时尚品牌孵化平台。

在韩都衣舍，每个小组一般由设计师、页面制作专员和货品管理专员3名工作人员组成，而供应链、IT、仓储、客服等可以标准化的服务则统一由公司提供。

小组是最小的运营单位，并且责权利明确——在“责”上，根据所获资源，每个小组都有明确的销售额、毛利以及库存周转率的要求；在“权”上，开发哪些款式、每款几个码、如何定价、库存深度多少、是否参加打折等都由小组说了算，几乎拥有一个网店老板的所有权力；在“利”上，用销售额减去相关费用，再乘以毛利率、提成系数与库存周转系数，就是小组奖金。

这样的运营机制对市场反馈极其敏感，产品动销比高，库存周转快。更重要的是，该体系支持针对每一款商品实现精细化运营，最终实现单品结算，使做1款产品与做1000款产品别无二致。这样，能动性极强的小组就像一个个强力运转的发动机，支撑着韩都衣舍的高速成长，同时也为其平台化发展做好了准备，因为“一旦在最小的业务单元上实现了责权利的统一，企业就变成了公共服务平台”。小组制的关键是利用互联网提供了低成本、快速试错的可能性。对于线下品牌来说，将一个决策传导到成百上千家门店不仅速度慢，万一有误成本也更高；但在线上可以根据数据反馈迅速更改决策，且无地域限制，效率更高，成本更低。

创始人赵迎光坦言，传统部门制在多数情况下更有效率，因其分工明确、专业度高，部门长的决策影响所有人的执行，切换到小组制会暂时经历一个效率由高到低的阶段。但拆成小组后，每个小组长都会变成部门长，其决策直接影响业绩，从而使小组长必须考虑经营决策乃至战略问题，这么做的结果是培养了一大批具有经营思维的“小老板”，进而为多品牌发展和平台扩张做了重要的人才储备。

当时笔者曾经带领一批企业管理者去参观考察，为我们进行分享的是一位1990年出生的“韩都衣舍平台创业者”，这位年轻的CEO介绍自己的经历和他如何带领团队创业的故事时，充满了自信、骄傲和大多数同龄人所不具备的成熟。笔者在带队参观考察时的任务是让大家进行学习和总结，在分享环节，笔者说了一句话，韩都衣舍能够把一个普通院校毕业的大学生培养成CEO，这就是它的厉害之处。大部分公司都是一把手整天喊创新，底下的人却都在“守江山”，公司的“发动机”在老板一个人身上，而实行小组制的韩都衣舍内部却有无数个“发动机”。韩都衣舍每天都会对所有小组的销售额进行排名，并通过鼓励自由组合，实现新陈代谢。数百个小组始终争相往上走，必然会推动企业在供应链等各方面的能力不断提升，成为企业创新的“永动机”。产品小组作为自主经营体，它要求后台供应链必须能够提供强劲支持，公司对于公共服务部门的管理是根据业绩进行适当奖励，另外就是通过产品小组的督促、投诉，给公共部门施加压力促使其进化。

韩都衣舍还建立了自己的子品牌集群，目的就是要培养出一系列具备持续竞争力的产品线，使产品能始终把握客户的需求，于是它为各个小组提供时尚设计和审美的最新资讯，帮助这些小组不断进化和发展，如果这些小组能发展好，3人小组可以独立注册公司，如果这个公司或者品牌发展得好，也可辅助其上市，这样3个成员的职业路径就能通向上司、公司和股东。

关于这些子品牌的发展，最重要的一点是——它们都在韩都衣舍的平台上。也就是大平台的供应链才是这些品牌的生存基础，理想的情况下，韩都衣舍就成为一个连接强大销售端和强大生产端的关键节点。而这个供应链的建立和发展，就是平台的核心竞争力。

笔者认为韩都衣舍应该是比较接近凯文·凯利分布式生态系统的构想，这也应该是国内企业商业模式很有代表性的样例了。同时，这也是我们传统的团队管控模式的一个进化表现形式。它颠覆了传统的金字塔式的管理体制，改变了集权式的领导，而以反向的“倒三角”模式，验证了“被动服务型”的管控机制的可行性，以个体创新和探索来引领组织发展，通过最大化地释放个体潜能来提供组织动力。在笔者看来，这样的管理探索，说他是“革命”也不为过。

五、团队管理的关键维度

关于如何开展团队管理，是很多学员向笔者提出的问题，而这个问题不是能简单回答清楚的，所以，在这里笔者借鉴了知名咨询公司麦肯锡提出的团队构成关键要素的理论。从“为数不多的成员、互补的技能、共同的业绩目标、共同的工作方法、相互承担责任”5个维度来展开讨论。

1.为数不多的成员

数量较多的人群，理论上可以称为一个团队，但实际上很可能再分出一些下级团队，而不是作为一个团队发挥作用。如果人数较多，那就很难达成共识，相互间较难配合以采取有效的行动。

那么人员数量到底要多少才比较合适？在这里有几个原则：

- 是否能够经常并且轻易地举行会议；
- 所有成员是否能够轻易且经常地交流沟通；
- 所有成员是否都能开诚布公，相互配合做事；
- 每个人是否都能了解其他人的作用和技能；
- 是否还需要更多的人来实现目标；
- 是否有可能，也有必要再分下一级小组。

在软件开发领域有一个传奇人物——劳伦斯·普特南，他曾经花了大量时间研究团队人数和团队效能的关系。他从数百家公司里选取了491个难度相等的中型项目作为调研数据，结果显示，3—7个人的团队需要的工时只有9—20个人团队所需工时的25%。这背后隐藏的是团队沟通成本与团队成员数量之间的关系。

沟通成本是隐性的，在报表上看不到，无法被统计与分析，又很难被察觉与发现，但是它却能在不知不觉中侵蚀组织的效益与利润。沟通成本是任何一个组织都必须直面的一个问题，大公司讲制度，小公司讲人情，最终指向的都是降低沟通成本，提高工作效率。

按照贝尔宾的团队角色理论，一个团队保持4个人更有利于保持团队成员的参与度，也更有利于形成民主、公平的氛围，还更有利于保证每个成员有等量的投入、平等地发表意见的机会、共同的责任，决策产出的用时也会更短。他的研究结果显示，团队规模越小，越容易产出高质量的决策，也更有利于每个人发挥自己的个人优势，实现个体贡献的最大化。

2. 互补的技能

团队中的每一种技能都是为完成团队的目标所必需的能互济余缺的技能，它可分为以下3类：

- 技术性或职能性的专家意见；
- 解决问题的技能和决策技能；
- 人际关系的技能。

关于这3类技能，不论是实际的还是潜在的，其都是团队成员资格的一种反映。如果尚且不具备，那就要看是否能提高到所需要的水平。从团队层面看，这3项技能都不能被漏掉或低估。

无论从个人角度还是从集体角度来看，团队成员是否愿意花时间帮助自己和他人学习和发展技能是组织进步的重要影响因素。如果需要，团队就需要引进或补充新的技能。这就是我们一直强调的选人的重要性，招聘面试需要有明确的指向性，你招聘的员工的能力结构是否适合你的工作需要，如果不清楚这个问题的话，你选择人才的工作就有点像买彩票，能不能中奖（选到合适的人），全看运气。

3. 共同的业绩目标

作为一个团队，成员具有共同的、有意义的目的，是至关重要的。领导人需要在这个基础上明确团队的基调和志向，至于短期、中期的业绩目标不过是整体目标的一部分。

关于共同的目标，值得深思的有以下要点：

- 这个目标是否包含了大于近期目标的更为广泛而深刻的理想；
- 这个目标是否独立于更大组织的目标，还是个人的目标；
- 所有的成员是否都按同样的方式了解和说明这个目标；

- 团队成员是否经常提起这个目标，并开拓它的潜在含义；
- 这个目标是否包含了特别有意义和值得回味的主题；
- 团队成员是否认为这个目标是重要的，即便它并不令人激动。

目标是每一个人都需要的，就像每个人都希望自己的生命有价值、每个人都渴望成功一样。团队成员渴望实现有意义的目的，这种目的是一种远见，比具体目标要宽泛。有效的团队具有一个大家共同追求的、有意义的目标，它能够为团队成员指引方向、提供推动力，让团队成员愿意为它贡献力量。就如我们在前文提到的凤凰卫视的愿景——在凤凰卫视工作是一项殊荣，一种事业，它绝不仅是一个谋生的工作。我们要当华语电视文化的领跑者，新闻改革的领跑者，中华文化复兴的领跑者。这才是我们生命中真正值得自豪的东西。金钱带来的生活满足只是人生的次要部分，共同坚定的文化信仰才是强有力的内在激励剂。

4.共同的工作方法

形成统一的工作模式、具有共同的节奏，真正实现整体的协同性，这一点的核心在于，如何能把个人的技能与提高团队业绩联系起来并拧成一股绳。要想实现这个目标，必须要具备以下条件：

- 工作方法需要具体、明确；
- 每个人都能真正理解并一致接受该方法并由此获得成就感；
- 该方法能利用和增强所有成员的技能并要求所有成员对结果作出同样的贡献；
- 这种方法有利于人们相互影响、就事论事地解决问题、根据成果进行考核；
- 所有成员都以同样的方式理解这种方法；

- 该方法可以随时进行修正和改进。

笔者在培训课程中经常和学员提到统一的工作方法，可是很多企业在这一点上的重视程度远远不够，即使在业务流程工具ERP（Enterprise Resource Planning，企业资源计划）已经相对成熟的情况下，仍然是各自有各自的习惯，这无异于大大削弱了良好机制和工具的效果。关于这一点，笔者的观点是要么企业在流程规范化方面，自高管层就理解不到位；要么是企业对员工的宣传和执行不到位。

5.相互承担责任

承担责任乃是我们对自己和他人作出的严肃承诺。相互承担责任可以用来检验团队的目的、团队的工作方法和团队的工作质量，个人和集体都愿意为团队的目的、目标、方法和工作产品负起责任。在这一方面，要做到：

- 根据具体目标来衡量进步；
- 所有的团队成员对指标负有责任；
- 人们明白什么是他们的个人责任，什么是大家共同的责任；
- 他们对团队“充满信心”还是感觉“团队肯定会失败”？

关于责任心和大局观的问题，笔者的观点是不能依靠员工思想境界和觉悟的自我提升来保障，而应该依靠机制保障。必须要把个人利益和项目的成败关联起来，比如项目奖金是覆盖所有参与者的，如果因为某一个环节的问题导致大家利益受损，势必会让员工产生精神压力，并尽力把工作做好，这就需要及时把项目的进展和遇到的问题共享给所有人；另外，一个人的工作表现和绩效反馈需要紧密关联，把责任和利益关联起来要比期望他人自我约束更可靠。

The Leadership Challenge of Lion's Share

附　录　思维导图

管理角色认知与定位

- 一、明理念：传统大文化与管理场景应用
  - 1. 新中层：复合型高适管理者
    - 复合角色与场景适应力 → 道、儒、法家管理思想的综合运用
    - 经理人的组织价值 → 逆向解读盖洛普路径
  - 2. 道家：增强组织凝聚力的关键
    - 抓大放小、做有价值的事情 → 上司的职责是引领不是运营
    - 人尽其才、才尽其用 → 示下以柔，鼓励其发挥才干
  - 3. 儒家：职场人际与管理文化的原则
    - 严于律己、宽以待人的交流思想 → 先发掘自身不足，再探讨如何能把事情做好的办法
    - 强调恩泽教化、以人为本的管理理念 → 引导、启发而不是命令
  - 4. 法家：管理举措与理念贯彻的保障
    - 坚持原则是核心 → 坚持维护组织规范是原则问题
    - 执行纪律要讲求方法 → 优秀的执行者会“情”“理”兼顾
- 二、中层管理者角色定位
  - 1. 管理者三大哲学命题：我是谁，我要干什么，我要怎么干
    - 高层：保证总目标与环境的协调 → 制定全局标准
    - 中层：保证组织成为一个畅通的主体 → 随机权变协调
    - 基层：保证战略与战术的实施 → 操作性激励
  - 2. 落实管理角色的指导原则
    - 企业经营者的代言人 → 维护组织利益
    - 激发他人跟随你一起工作 → 员工希望自己优异的表现得到认可
    - 提出解决问题的办法并付诸实践 → 高层务虚而中基层干部要务实
  - 3. 下属经理人的角色定位——高效地完成任务指标
    - 首要的任务是执行 → 下属的职责主要是体现上级的意图
    - 要有大局观 → 思想高度要与领导保持一致才能理解他的意图
    - 扮演下属的职业角色 → 明确职业化下属的思想与行为
  - 4. 平级经理人的角色定位——理解和帮助同事
    - 为对方着想才能相互理解
      - 我们部门的工作目标是什么
      - 我们部门的工作重点是什么
    - 以内部客户的需要作为工作重心
      - 从内部客户处发现自己的工作重心和工作内容
      - 绩效考核指向服务对象而不仅仅指向上司
      - 定期的、有效的沟通机制更能了解彼此的需求
    - 扮演同事的职业角色 → 职业化同事的言行指导原则
  - 5. 上司管理者的角色定位——客观公正地评价下属
    - 基层干部就是企业的替身 → 员工向心力取决于基层主管
    - 评价下属的结构化思维
      - 描述工作完成状况
      - 如实反映具体行为表现
      - 分析个体特质
    - 扮演上级的职业角色 → 职业化上级的立场与原则
- 三、赢得尊敬：专业能力+牺牲精神
  - 1. 真的高手：业务过硬会带人
    - 好干部的标准 → 传授下属工作方法和其他技能的能力高
    - 培养人的能力 → 靠能力才能赢得下属的尊敬并产生学习意愿
  - 2. 赢得尊敬的根本是人品
    - 尊重理性和逻辑而非立场和观点
      - 工作中的“应该是”层面
      - 工作中的“事实是”层面
    - 管理者要冲在前面
      - 管理者岗位对人的要求高
      - 管理者需要储备资本
      - 抓住锻炼的机会

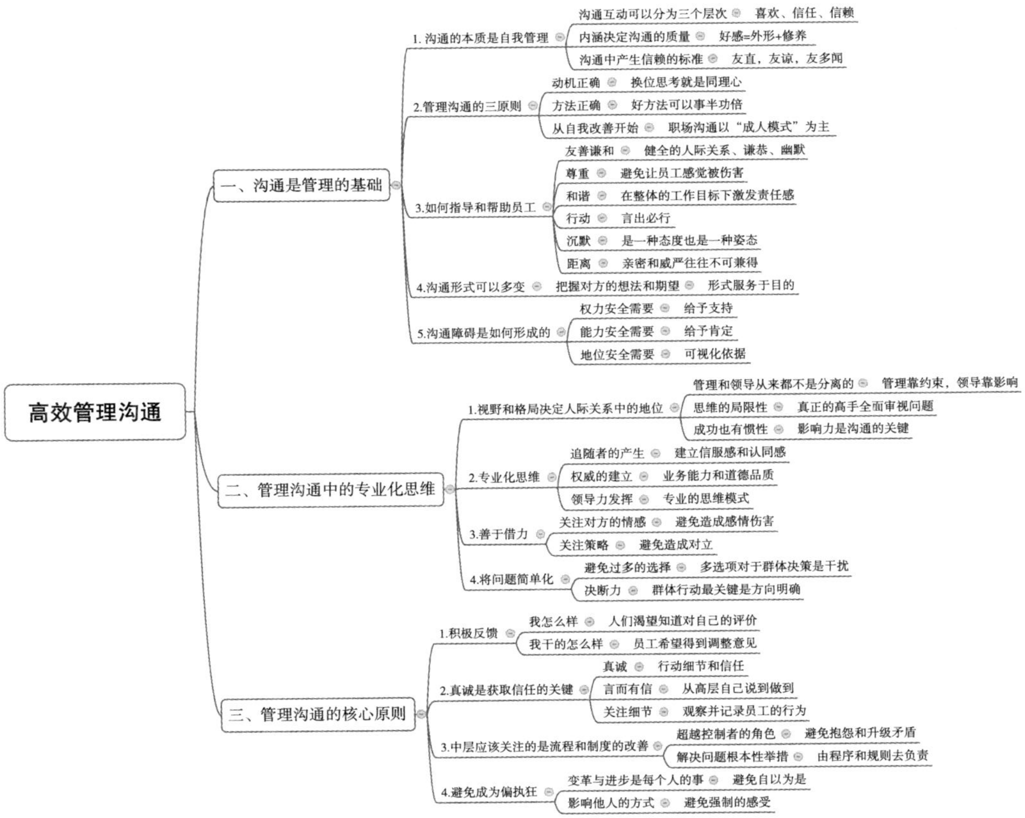
高效管理沟通
一、沟通是管理的基础
1. 沟通的本质是自我管理
沟通互动可以分为三个层次
喜欢、信任、信赖
内涵决定沟通的质量
好感=外形+修养
沟通中产生信赖的标准
友直，友谅，友多闻
2.管理沟通的三原则
动机正确
换位思考就是同理心
方法正确
好方法可以事半功倍
从自我改善开始
职场沟通以“成人模式”为主
3.如何指导和帮助员工
友善谦和
健全的人际关系、谦恭、幽默
尊重
避免让员工感觉被伤害
和谐
在整体的工作目标下激发责任感
行动
言出必行
沉默
是一种态度也是一种姿态
距离
亲密和威严往往不可兼得
4.沟通形式可以多变
把握对方的想法和期望
形式服务于目的
5.沟通障碍是如何形成的
权力安全需要
给予支持
能力安全需要
给予肯定
地位安全需要
可视化依据
二、管理沟通中的专业化思维
1.视野和格局决定人际关系中的地位
管理和领导从来都不是分离的
管理靠约束，领导靠影响
思维的局限性
真正的高手全面审视问题
成功也有惯性
影响力是沟通的关键
2.专业化思维
追随者的产生
建立信服感和认同感
权威的建立
业务能力和道德品质
领导力发挥
专业的思维模式
3.善于借力
关注对方的情感
避免造成感情伤害
关注策略
避免造成对立
4.将问题简单化
避免过多的选择
多选项对于群体决策是干扰
决断力
群体行动最关键是方向明确
三、管理沟通的核心原则
1.积极反馈
我怎么样
人们渴望知道对自己的评价
我干的怎么样
员工希望得到调整意见
2.真诚是获取信任的关键
真诚
行动细节和信任
言而有信
从高层自己说到做到
关注细节
观察并记录员工的行为
3.中层应该关注的是流程和制度的改善
超越控制者的角色
避免抱怨和升级矛盾
解决问题根本性举措
由程序和规则去负责
4.避免成为偏执狂
变革与进步是每个人的事
避免自以为是
影响他人的方式
避免强制的感受

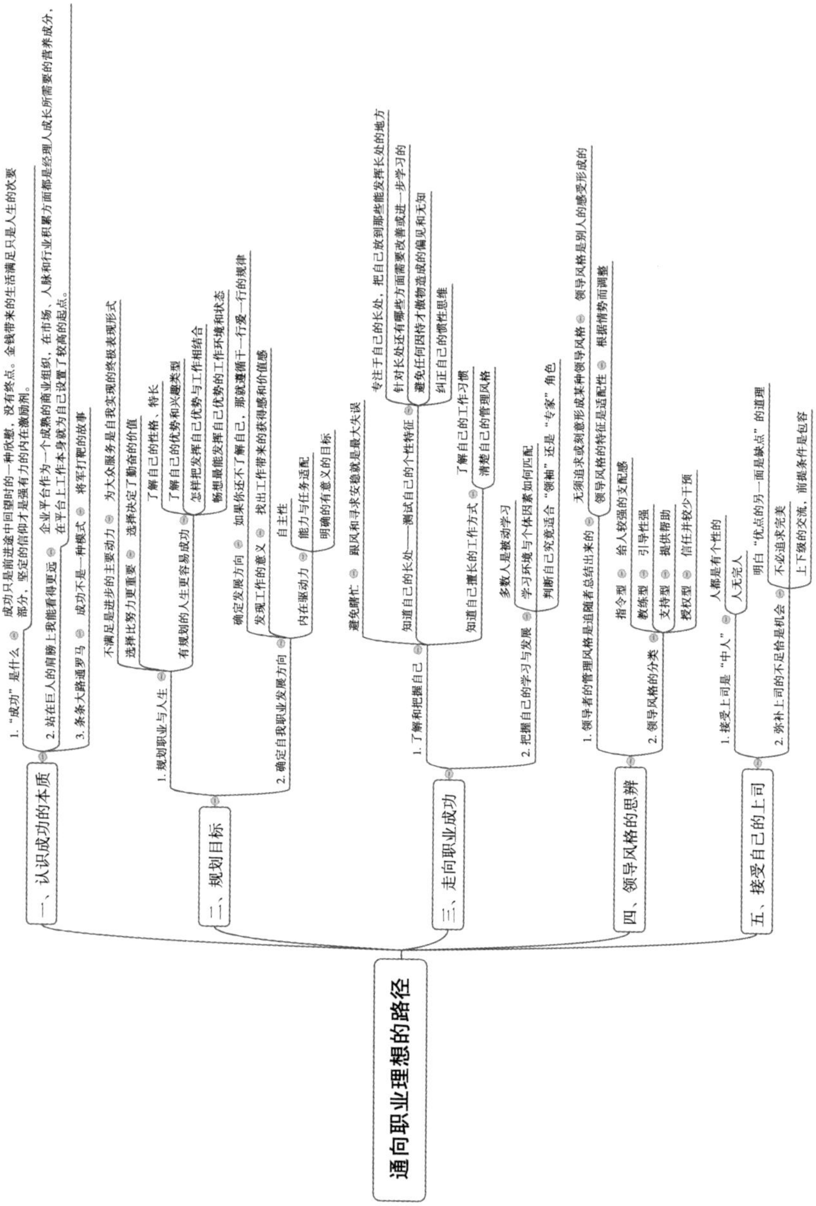
通向职业理想的路径
一、认识成功的本质
1.“成功”是什么
成功只是前进途中回望时的一种欣慰，没有终点。金钱带来的生活满足只是人生的次要部分，坚定的信仰才是强有力的内在激励剂。
2. 站在巨人的肩膀上我能看得更远
企业平台作为一个成熟的商业组织，在市场、人脉和行业积累方面都是经理人成长所需要的营养成分，在平台上工作本身就为自己设置了较高的起点。
3. 条条大路通罗马
成功不是一种模式
将军打靶的故事
二、规划目标
1. 规划职业与人生
不满足是进步的主要动力
为大众服务是自我实现的终极表现形式
选择比努力更重要
选择决定了勤奋的价值
有规划的人生更容易成功
了解自己的性格、特长
了解自己的优势和兴趣类型
怎样把发挥自己优势与工作相结合
畅想最能发挥自己优势的工作环境和状态
2. 确定自我职业发展方向
确定发展方向
如果你还不了解自己，那就遵循干一行爱一行的规律
发现工作的意义
找出工作带来的获得感和价值感
内在驱动力
自主性
能力与任务适配
明确的有意义的目标
三、走向职业成功
1. 了解和把握自己
避免瞎忙
跟风和寻求安稳就是最大失误
知道自己的长处——测试自己的个性特征
专注于自己的长处，把自己放到那些能发挥长处的地方
针对长处还有哪些方面需要改善或进一步学习的
避免任何因恃才傲物造成的偏见和无知
纠正自己的惯性思维
知道自己擅长的工作方式
了解自己的工作习惯
清楚自己的管理风格
2. 把握自己的学习与发展
多数人是被动学习
学习环境与个体因素如何匹配
判断自己究竟适合“领袖”还是“专家”角色
四、领导风格的思辨
1. 领导者的管理风格是追随者总结出来的
无须追求或刻意形成某种领导风格
领导风格是别人的感受形成的
领导风格的特征是适配性
根据情势而调整
2. 领导风格的分类
指令型
给人较强的支配感
教练型
引导性强
支持型
提供帮助
授权型
信任并较少干预
五、接受自己的上司
1. 接受上司是“中人”
人都是有个性的
人无完人
2. 弥补上司的不足恰是机会
明白“优点的另一面是缺点”的道理
不必追求完美
上下级的交流，前提条件是包容

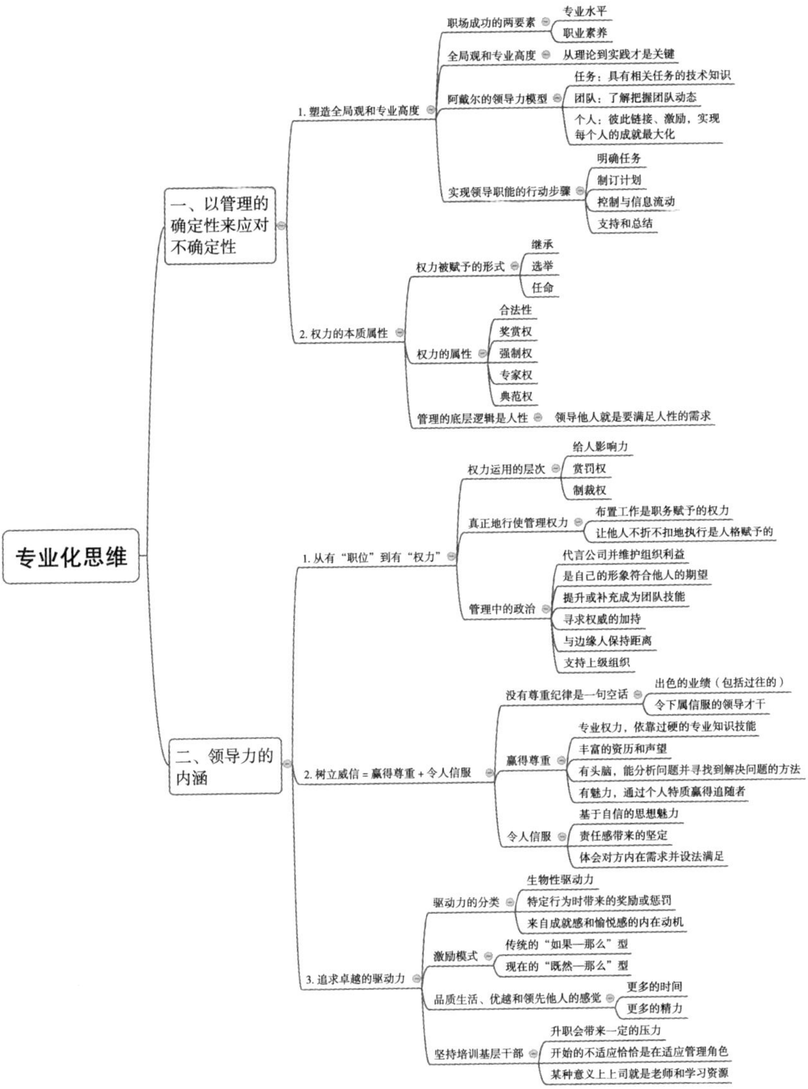
专业化思维
一、以管理的确定性来应对不确定性
1. 塑造全局观和专业高度
职场成功的两要素
专业水平
职业素养
全局观和专业高度
从理论到实践才是关键
阿戴尔的领导力模型
任务：具有相关任务的技术知识
团队：了解把握团队动态
个人：彼此链接、激励，实现每个人的成就最大化
实现领导职能的行动步骤
明确任务
制订计划
控制与信息流动
支持和总结
2. 权力的本质属性
权力被赋予的形式
继承
选举
任命
权力的属性
合法性
奖赏权
强制权
专家权
典范权
管理的底层逻辑是人性
领导他人就是要满足人性的需求
二、领导力的内涵
1. 从有“职位”到有“权力”
权力运用的层次
给人影响力
赏罚权
制裁权
真正地行使管理权力
布置工作是职务赋予的权力
让他人不折不扣地执行是人格赋予的
管理中的政治
代言公司并维护组织利益
是自己的形象符合他人的期望
提升或补充成为团队技能
寻求权威的加持
与边缘人保持距离
支持上级组织
2. 树立威信 = 赢得尊重 + 令人信服
没有尊重纪律是一句空话
出色的业绩（包括过往的）
令下属信服的领导才干
赢得尊重
专业权力，依靠过硬的专业知识技能
丰富的资历和声望
有头脑，能分析问题并寻找到解决问题的方法
有魅力，通过个人特质赢得追随者
令人信服
基于自信的思想魅力
责任感带来的坚定
体会对方内在需求并设法满足
3. 追求卓越的驱动力
驱动力的分类
生物性驱动力
特定行为时带来的奖励或惩罚
来自成就感和愉悦感的内在动机
激励模式
传统的“如果—那么”型
现在的“既然—那么”型
品质生活、优越和领先他人的感觉
更多的时间
更多的精力
坚持培训基层干部
升职会带来一定的压力
开始的不适应恰恰是在适应管理角色
某种意义上上司就是老师和学习资源

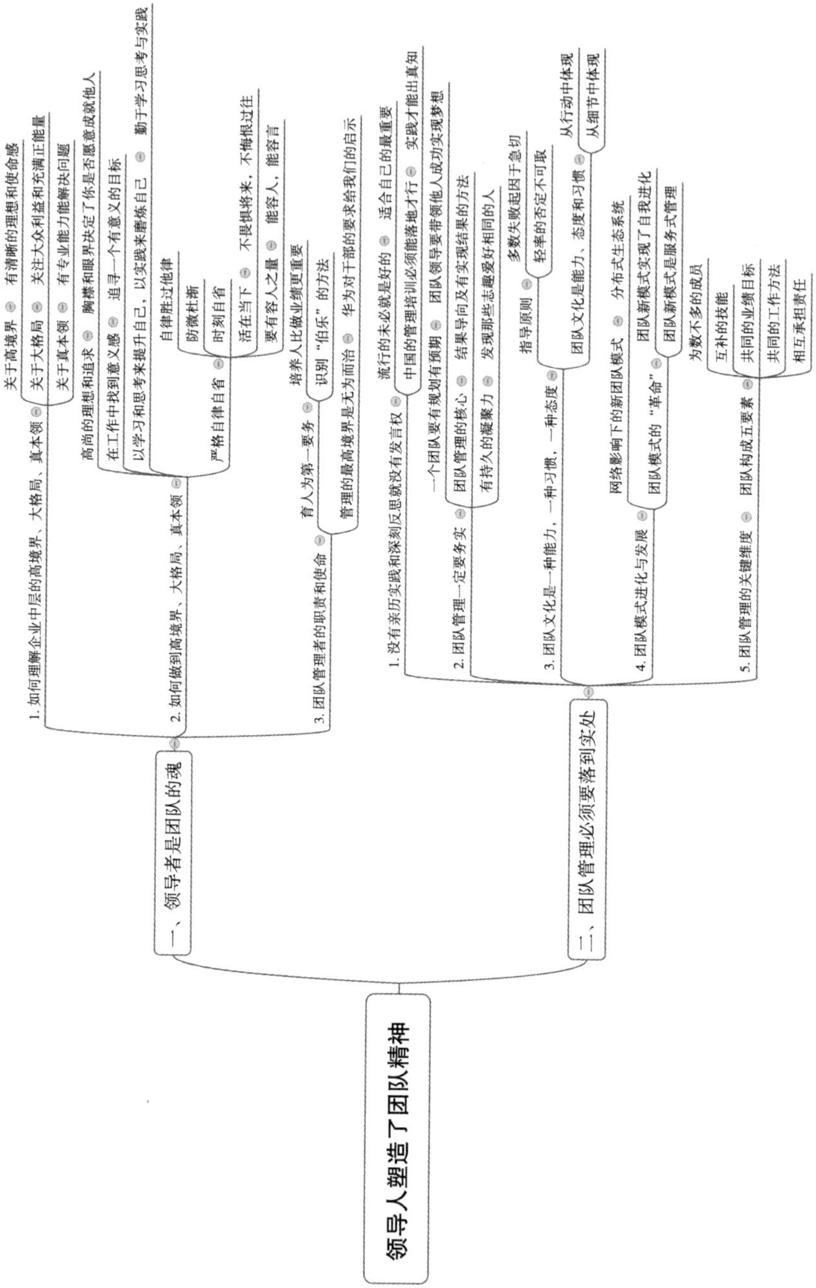
领导人塑造了团队精神
一、领导者是团队的魂
1. 如何理解企业中层的高境界、大格局、真本领
关于高境界
有清晰的理想和使命感
关于大格局
关注大众利益和充满正能量
关于真本领
有专业能力能解决问题
2. 如何做到高境界、大格局、真本领
高尚的理想和追求
胸襟和眼界决定了你是否愿意成就他人
在工作中找到意义感
追寻一个有意义的目标
以学习和思考来提升自己，以实践来磨炼自己
勤于学习思考与实践
严格自律自省
自律胜过他律
防微杜渐
时刻自省
活在当下
不畏惧将来，不悔恨过往
要有容人之量
能容人，能容言
3. 团队管理者的职责和使命
育人为第一要务
培养人比做业绩更重要
识别“伯乐”的方法
管理的最高境界是无为而治
华为对干部的要求给我们的启示
二、团队管理必须要落到实处
1. 没有亲历实践和深刻反思就没有发言权
流行的未必就是好的
适合自己的最重要
中国的管理培训必须能落地才行
实践才能出真知
2. 团队管理一定要务实
一个团队要有规划有预期
团队领导要带领他人成功实现梦想
团队管理的核心
结果导向及有实现结果的方法
有持久的凝聚力
发现那些志趣爱好相同的人
3. 团队文化是一种能力，一种习惯，一种态度
指导原则
多数失败起因于急切
轻率的否定不可取
团队文化是能力、态度和习惯
从行动中体现
从细节中体现
4. 团队模式进化与发展
网络影响下的新团队模式
分布式生态系统
团队模式的“革命”
团队新模式实现了自我进化
团队新模式是服务式管理
5. 团队管理的关键维度
团队构成五要素
为数不多的成员
互补的技能
共同的业绩目标
共同的工作方法
相互承担责任

图书在版编目（CIP）数据

中层领导力训战：角色定位与专业化管理 / 孙春岭著 . —北京：中国法制出版社，2020.12
（卓越领导力系列丛书）
ISBN 978-7-5216-1461-9

Ⅰ . ①中…　Ⅱ . ①孙…　Ⅲ . ①企业领导学　Ⅳ . ① F272.91

中国版本图书馆 CIP 数据核字（2020）第 225381 号

策划编辑：潘孝莉
责任编辑：刘　悦（editor_liuyue@163.com）　封面设计：汪要军

中层领导力训战：角色定位与专业化管理
ZHONGCENG LINGDAOLI XUNZHAN：JUESE DINGWEI YU ZHUANYEHUA GUANLI

著者 / 孙春岭
经销 / 新华书店
印刷 / 三河市国英印务有限公司
开本 / 710 毫米 ×1000 毫米　16 开　印张 / 15.25　字数 / 232 千
版次 / 2020 年 12 月第 1 版　2020 年 12 月第 1 次印刷

中国法制出版社出版
书号 ISBN 978-7-5216-1461-9　定价：69.00 元

北京西单横二条 2 号　邮政编码 100031　传真：010-66031119
网址：http://www.zgfzs.com　**编辑部电话：010-66073673**
市场营销部电话：010-66033393　**邮购部电话：010-66033288**
（如有印装质量问题，请与本社印务部联系调换。电话：010-66032926）